JN136043

心の
疲れをとる
コツ

植西聰
Uenishi Akira

WAVE出版

はじめに

「最近、心が疲れる」「心の疲れがとれない」と言う人がいます。

体力的に疲労がたまっているわけではないのですが、精神的な疲労を強く感じるのです。

その理由には、いろいろなものがあるのでしょう。

人間関係で悩みがあったり、仕事でストレスがたまったり、生きがいとなるものを見つけられなかったり、といったことです。

本書では、そのような「心の疲れ」をとり去って、心に元気をとり戻すコツをまとめました。

「心が疲れている人」は、いろいろな意味で無理をしているのではないかと思います。

がんばりすぎたり、能力以上に背伸びをしすぎたり、人から好かれようと無理をしたりしているのでしょう。

そのような「無理」が、心が疲れるもっとも大きな要因ではないでしょうか。

言い換えれば、ありのままの自分、ありのままの現状を受け入れて、自分らしく、のびのびと生きていくことが、心に疲れをためない大切なコツになると思います。


しかし、「ありのままに生きる」ことは簡単なようで、意外と難しいのです。

ありのままの自分や現状を受け入れるには、ちょっとした勇気も必要です。

「それは自分に負けること。現状に甘えることだ」といったように考えてしまう人たちもいるからです。


ありのままを受け入れることに、そのような否定的な意味はありません。

それは、むしろ自分を解放し、自由に前向きに生きていくということなのです。

そして、いったん、ありのままを受け入れると、心がスーッとラクになっていくのを実感できるはずです。

植西 聰

目次◎心の疲れをとるコツ

第1章 人間関係でぐったりした心の疲れをとる

第2章 自分が嫌いになって沈んだ心の疲れをとる

第3章 悲しい出来事にめげてしまった心の疲れをとる

第4章 毎日がつまらなくてヤル気が起きない心の疲れをとる

第5章 不運続きでもがいている心の疲れをとる

第6章 がんばりすぎて燃え尽きた心の疲れをとる

第7章 大きな転機にくじけそうな心の疲れをとる

第8章 理由もないのになんとなくウツっぽい心の疲れをとる

第1章

人間関係でぐったりした心の疲れをとる

1 仕事を終えたら「スイッチ」をキッパリ切り替える

就職した会社を、途中で辞めてしまう人たちがいます。

そのような中途退職者たちに、「なぜ会社を辞めたのですか」と聞くと、もっとも多く返ってくる答えは、「人間関係の悩み」だといいます。

上司との関係に悩んだり、あるいは、同僚たちとの関係がうまくいかずに、結局は、「この会社では、やっていけない」という気持ちになってしまうようです。

また、会社に退職願を出さないまでも、人間関係で悩んだり、心に疲れをためている人も多いと思います。

人間関係の悩みでたまっていく疲れを、そのまま放置しておくことは、よいことではありません。

人間関係の疲れが、仕事への意欲を奪っていくことにもなりかねないからです。

そして、それこそ会社を辞めたい気持ちにもなっていきます。


では、どうすれば人間関係でたまる心の疲れをとることができるのかといえば、そのコツは「仕事とプライベートの切り替えを明確にする」ことです。

仕事を終えて会社の外に出たら、もうプライベートの時間帯です。

その時間は、仕事のことや、職場での人間関係についてはできるだけ考えないようにします。

そして、仕事以外の友人や、あるいは恋人に会って楽しむことに集中します。

コンサートや劇場に行ってもいいでしょう。

帰宅してからも、趣味に熱中したり、家族との団欒（だんらん）を楽しむのもいいと思います。

そのようにして公私の切り替えを明確にすることで、会社での人間関係の心の疲れを、上手にとり去ることができます。

2 「プライベート手帳」をつくり、楽しい予定だけで埋めつくす

「仕事を終えてから何もすることがない。なんの楽しみもない」と言う人がいます。その人は、自分ならではの趣味とか、プライベートで会う友人などがいないのです。こういう人は、会社の人間関係でたまる心の疲れを、いつまでも引きずってしまうことになりがちです。

そうならないためのコツの一つに、「あらかじめプライベートで楽しむことの計画表をつくっておく」ことがあげられます。

たとえば、仕事とは別に、プライベート用の手帳を用意します。

そして、そこにプライベートでの楽しい予定を書き込んでいくのです。

例をあげれば、こんなようにです。

「○月○日、仕事を定時に終えて、夜の七時から始まる世界旅行に関する講演会を聴きに行く」

「△月△日は、ファンタジー小説の発売開始日である。仕事帰りに本屋に立ち寄って、その小説を買って帰って、家でじっくり読む」

「何もすることがない。なんの楽しみもない」というのは、言い換えれば、「何も計画がない」のです。

ですから、ふだんから「何か面白いものはないか」と好奇心旺盛に情報を集めて、楽しそうなことを見つけたら、自分の予定にどんどん入れていくのです。

このようにしてプライベートでの予定表をつくっておくことが、公私の切り替えを上手にして、会社での人間関係の心の疲れを引きずらないためのコツになります。

楽しいことは、自分から積極的に計画していくとよいでしょう。

3 笑顔でイエスを言えない時は、無理をしないでノーを言う

仕事帰りに、会社の同僚から、「これから食事に行かないか」と誘われることがあると思います。

もちろん、同僚たちと楽しく食事をすることがいい気分転換になって、性格が合わない上司との人間関係でたまった心の疲れが解消する、ということもあるでしょう。

しかし、人によっては、会社の同僚と食事をすること自体に、精神的な疲労感を覚えてしまう人もいます。

このような人は、もともと、人に気を遣(つか)いやすいタイプなのでしょう。

人間関係がうまくいっている同僚たちではあっても、大勢の人と一緒にいると、いろいろと気を遣ってしまって、精神的に疲労してしまうのです。

会社では上司のために心が疲れ、仕事が終わってからも同僚たちとの関係で精神的に疲労してしまうのでは、どこかで心がパンクしてしまうことになりかねません。

実際に、精神的な疲労からウツ状態になってしまう人の中には、「人づき合いがよすぎるタイプ」が多くいるといわれています。

人に気を遣いやすく、人間関係で精神的な疲労をため込みやすいタイプの人が、無理をしてまで人づき合いをよくしようと振る舞えば、どこかで心の健康的なバランスがくずれてしまうことにもなりかねないのです。

そういう意味では、このようなタイプの人たちは、「上手に断る」ということがあってもいいと思います。

「今日は心が疲れている」と実感している時には、同僚から食事に誘われても、「今日は疲れているから、家でゆっくり休養したい」と言って、断ってもいいのです。

そのことが、自分自身の心の健康を守ることにつながります。

4

一人の時間をもっと大切に。人と過ごす時間も楽しくなる

イギリスの科学者であり生物学者だった人物に、チャールズ・ダーウィンがいます。ガラパゴス諸島の生物を研究することによって、「進化論」を打ち出した学者として有名です。

彼は、人間関係でとても疲れやすい人物でした。

学会やパーティーなどに出席すると、まわりの人たちに気を遣いすぎてしまい、あとになってドッと疲れ切ってしまうのです。

そのような傾向が強いダーウィンが、人間関係の疲れをとるために心がけていたこ

とは「一人の時間を大切にする」ということです。一人になって過ごす時間を大切にしたのです。

誰にも会わず、誰とも話をすることなく、一人になって過ごす時間を大切にしたのです。

まわりに人がいませんから、他人に気を遣って疲れることはありません。

その結果、一人でいることでホッと心が安らぎ、たまっていた心の疲れが解消していくのです。

この「一人の時間をつくる」ということは、人間関係で疲れやすい人にとっては、その疲労感を解消するという意味で、とても有効な方法だと思います。

たとえば、週に何日かは、早めに帰宅して、家で一人の時間をつくるのです。

一人きりになって、心が安らぐ音楽を聴いたり、落ち着いた気持ちで本を読んだりします。

また、心がホッとするような映画を観てもいいでしょう。

そのような一人になる時間を持つことによって、会社などでの人間関係によって生じる精神的な疲労感が、解消されていくのです。

そうなれば、翌日は、また元気に仕事ができます。

5 やるべきことに集中しよう。平常心がよみがえる

会社では、人間関係のちょっとしたことで感情を乱されることがよくあります。

たとえば、上司から叱られたり、嫌味を言われたりして、落ち込んでしまうことがあると思います。

同僚から、自分の提案事項に真っ向から反対意見を言われて、悔しい気持ちになってしまうこともあるでしょう。

部下や後輩が、自分が頼んでいたことをちゃんとやってくれていないことを知って、腹立たしい気持ちになることもあるかもしれません。

しかし、そのような落ち込み、悔しさ、怒りといった感情には、できるだけ振り回されないほうがいいと思います。

ネガティブな感情ほど、心をクタクタに疲労させてしまうものはないからです。

このようなケースで、心を疲れさせないコツは、とにかく「他人のことに気をとられるのではなく、今やるべき自分の仕事に集中する」ということです。


禅に、「而今（にこん）」という言葉があります。

この言葉は、わかりやすくいえば「ただ今があるのみだ」という意味です。

言い換えれば、「他人のことに意識を奪われて心を惑わされるのではなく、今、自分がやるべきことに集中することが大切だ」ということです。

それが平常心を保っていくコツであり、また、心によけいな疲労感をため込まないコツでもあるのです。

心を疲れさせないためには、人間関係にわずらわされることなく、今、自分がやるべきことだけを考えて、それに専念することです。

6 相手の落ち度を許すことで自分の心を癒そう

家族との人間関係のトラブルで心を消耗させてしまう人がいます。

そのような人は、たいてい、相手の落ち度を指摘して腹を立てています。

「私の夫は、『休日には家族で遊びに行こう』と約束をしても、いつも『仕事の都合で、遊びに行けなくなった』と約束を破る。本当に頭に来る」といったようなことがあるのです。

しかし、そのように相手の落ち度に腹を立ててばかりいても、自分自身の心が疲れていくばかりです。

そのうちに、家族との関係がギクシャクしていくことになる可能性も出てきます。

そうならないために大切なのは、「相手の落ち度に怒る」のではなく、「相手の落ち度を許す」という意識を持つことが大切です。

相手を許すことで、自分自身の心が癒され、安らぐからです。


では、どうやって腹立たしく思っている相手を許す心を持てばいいのでしょうか。

そのためには、発想の転換が必要になります。

たとえば、このように考えてみるのです。

「あの人は、私たち家族の幸せを思って、がんばって仕事をしている。その仕事のために、約束を守れないこともあるのだろう。いずれにしても、あの人が家族を一番愛していることには間違いはないのだから、許してあげよう」

そのように、ものの見方をちょっと変えてみることで、これまでとは違った発想で考えられるようになります。

そうすれば、腹立たしく思っていた相手を許すことも可能になるのです。

許したあとの安らいだ気持ちを味わうこともでき、心の疲れも癒されていきます。

7 許さずに愛情を失うより、許して愛情を深める

家族や恋人は、その人にとって、もっとも身近で仲がいい相手です。

しかし、身近で仲がいい相手だからこそ、時に、ズケズケとものを言ったり、相手が嫌がることをしたり、約束を破ったりすることもあるのです。

そして、そのたびに激しく言い争って、お互いにクタクタに疲れ切ってしまうことにもなりやすいのです。

しかし、言い換えれば、もっとも身近で、仲がよく、そして愛している相手であれば、「許す」ということもできるはずです。

フランスの思想家であるラ・ロシュフコーは、「人は愛している限り許すものだ」（意訳）と述べました。

愛情があれば、必ず、相手を許すことができます。

もし相手を許すことなく、腹立たしい気持ちをいつまでも引きずってしまったら、どうなるでしょうか。

だんだんと愛情が薄れていってしまうでしょう。

そして、愛情がひとかけらもない状態になってしまったら、もう相手を許すことなど絶対にできなくなってしまいます。

そうなれば家族はバラバラに壊れてしまうことにもなりかねませんし、恋人とも別れることになってしまうかもしれないのです。

そういう意味からいえば、愛情が十分に残っているうちに許すということが大切なのです。

愛情があれば、どんなに腹立たしいことがあったとしても、許すことで、また優しい気持ちがすぐに戻ってきます。

8 SNSと自分を「隔離」する時間をつくろう

ＳＮＳなど、スマートフォンを使ったコミュニティ型の交流機能は、とても便利で、また楽しいものです。

しかし、そのために、中には精神的に強い疲労感を覚えてしまう人もいるようです。

その理由は、たくさんの人たちから、スマートフォンにひんぱんに連絡が入ることにあります。

そのような時、性格的に優しく、人間関係を大切にしている人ほど、「すぐに返信しなければならない」という義務感にかられてしまう傾向があります。

さほど重要な用件ではなくても、「すぐに返信しないと、相手に悪い」と考えてしまうのです。

あるいは、「すぐに返信しないと、相手から嫌われてしまう」と考えてしまう人もいるでしょう。

そうなると、電車に乗っている時も、食事をしている間も、自宅にいる時も、ずっとスマートフォンで返信をしていなければならなくなります。

その結果、精神的に疲れ切ってしまうのです。


このようなSNSでの精神的な疲労をとるためには、たとえば、「夜の十時以降は、SNSをしない」といったルールを自分なりにつくっておくのがよいと思います。

あるいは、「SNSで友人と連絡し合うのは、休日の日中だけにして、平日にはSNSはしない」といったルールをつくってもいいと思います。

その「SNSをしない時間」を、それまでに心にたまった疲れをとり、心を癒す時間にするのです。

9 好かれたいと願いすぎて疲れている自分に気づく

心理学に、「SNS依存症」という言葉があります。

スマートフォンを使ったコミュニティ型の交流機能を使って、一日中、友人や、あるいは不特定多数の人たちと連絡をとり合っている場合をさします。

とにかくスマートフォンを使って誰かと交流していないと気持ちが落ち着かず、強い寂しさを感じて、一日中スマートフォンを手放せなくなってしまうのです。

そして、そのために健康的な日常生活に支障が出てくる場合もあります。

また、たとえ依存症にならなくても、多かれ少なかれ、そのような症状に悩んでいる人もいると思います。

このSNS依存症になりやすい人には、性格的にいくつかの共通点があるともいわれています。

それは、「自分は人からどう思われているかが非常に気になる」「多くの人たちから好かれたいという気持ちがとても強い」という二点です。

「人から自分がどう思われているか」が気にかかってしょうがないので、ついつい交流サイトで自分について何か書かれていないか、チェックしてしまいます。

「多くの人たちから好かれたい」という気持ちが、逆に、「いつも連絡をとり合っていないと、交流サイトの人たちから嫌われてしまう」といった恐怖感をつくり出して、一日中スマートフォンを操作している人もいます。

このような症状から抜け出すためには、「人から自分がどう思われているかということを、あまり気にしない」「あまり強く、人から好かれたいと思わない」ということを心がけていくほうがよいと思います。

そうすれば、心が疲れ切ってしまうことなく、適度にスマートフォンを通しての交流を楽しんでいけるでしょう。

10 思い切って時間に回復をゆだねる

ある若い女性は、「友人たちと一緒に参加していたSNSの交流サイトに、自分の批判を書かれてしまった」と言います。

それは、まったく事実無根の批判でした。

彼女は、大きなショックを受けたのです。

腹が立ちますし、「どうして私がこんなことを言われないとならないの？」とあれこれ悩んで、心が疲れ切ってしまいました。

この女性のように、交流サイトに自分の批判を書かれて嫌な思いをしたという経験を持つ人は、多いのではないでしょうか。

こういう場合の対処法は、二つのことが考えられます。

一つには、「あまり気にしないほうがいい」と、自分に言い聞かせることです。

気にすれば気にするほど、心が疲れていくばかりだからです。

「人の噂(うわさ)も七十五日」ということわざもあります。

「ある人の噂など、日が経つに従って、誰もしなくなる」という意味です。

批判を書かれた当初は気になるかもしれませんが、気にせずに放っておけば、誰もそんな批判はしなくなるでしょう。

もう一つには、心から信頼できる友人に相談することです。

そうすれば、その親友が「あなたは、そんな人じゃない。あなたは、とってもよい人よ」と、優しく慰めてくれるでしょう。

そして、親友の慰めの言葉に、自分の心も癒されると思います。

また、心の疲れもすっと消えていくのではないでしょうか。

この二つの方法で、平常心で、心を乱すことなく暮らしていけるでしょう。

11 「悪口を言われた分だけ自分の運が上がる」と考える

仏教の創始者であるブッダに、次のようなエピソードがあります。
ブッダが現在のインド北部の各地を布教して歩いている時でした。
ある村に来た時のことです。
その村には、以前からブッダに反感を持っている男がいました。
その男はブッダが来たのを見て、まわりにいた人たちに聞こえるように大きな声で、
ブッダの悪口を言いました。
しかし、ブッダは、相手にしません。

ブッダに無視されたことにいっそう腹を立てたその男は、ブッダに向かってツバを吐きかけました。

すると、風が吹いて、男の吐いたツバは、その男自身の顔にかかってしまいました。

そのようすを見ていたブッダは、こう言いました。

「悪口は、それを言う人間のもとに返っていくものなのだ。吐いたツバが、そのツバを吐いた人間の顔にかかるように」


ＳＮＳに、誰かの悪口を書き込む人もいるかもしれません。

しかし、そのために評判を悪くし、みんなから嫌われてしまうのは、その悪口を書き込んだその人自身なのです。

このブッダのエピソードは、そのことを教えてくれているように思います。

また、言い換えれば、もしＳＮＳに自分の悪口を書かれることがあっても、「これで評判を落とすのは、この悪口を書いている人自身なのだ。だから気にすることはない」「悪口を言われた分だけ、私の運が上がる」と考えるのがいいと思います。

そうすれば、心の疲れがとれるでしょう。

仕事以外の時間や人間関係を楽しむ

「怒る」「責める」より「許す」「忘れる」

特定の関係に依存しすぎない

第2章

自分が嫌いになって沈んだ心の疲れをとる

1
劣等感ごと自分を受け入れる。大切なのは「自分らしさ」だけ

「自分が嫌いだ」と、沈んだ顔をして言う人がいます。

そういう人は、自分自身に何かしら劣等感を持っていると思います。

そのために、自信を持って生きていけず、いつも思い悩んでいます。

そのうちに、精神的に、どんどん沈み込んでいってしまうのです。

しかし、そのように劣等感を抱き続けたままでは、よりよい幸せな人生を築いていくことはできないでしょう。

そういう人は、自分が劣等感を持っていることをそのまま受け入れて、ありのまま

の自分として生きていくほうが賢明だと思います。

人間は、やはり、ありのままの姿で、自分らしく、のびのびと生きていくのが、もっとも幸せだと思います。

そして、そのためには、「劣等感も含めて、ありのままの自分を受け入れる」ということが大切です。

どうしても劣等感を受け入れられない人は、劣等感の肯定的な側面を発見すればよいのです。

たとえば、ある人は「私には存在感がない」ということに劣等感を覚えていました。会社の中や友人同士の間で、強い存在感を発揮できないのです。

しかし、この「存在感がない」ことについても、肯定的な側面はあるのです。

「存在感がない分、まわりの人たちにうまく溶け込める」「目立つことはないかもしれないけど、縁の下の力持ちとして組織を支えている」といった側面です。

このように、劣等感に「肯定的な側面」を見つけ出すことができれば、心の疲れがとれ、心が軽くなります。

2 自分の長所短所は、自分ではなく相手が判断するものだと気づく

劣等感に苦しむ人は、往々にして、「劣等感を持っているために、私の人生はうまくいかない」と考えがちです。

しかし、それは事実ではない場合も多いのです。

むしろ、実際には、劣等感を持っているおかげで、まわりの人たちから尊敬されたり、好かれたりしている場合もあります。

ある女性は、「私は愛想が悪い」ということに劣等感を持っていました。

相手に対して、笑顔で接したり、ほめたり、おだてたりすることができないのです。

誰に対しても、どちらかというと不愛想な態度をとってしまいます。

そのために、彼女は、「私は愛想が悪いから、みんなに嫌われている」と思い込んでいました。

しかし、実際は違ったのです。

まわりの人たちからは、このような、よい評価を受けていたのです。

「彼女は、自分の利益のために、誰かにこびへつらうようなことはしない。その点が、すごくカッコイイ」

「彼女と一緒にいると、無理に笑ったり、気を遣ったりしなくてすむから、とてもラクだ。一緒にいて疲れることがない」

それに気づいた時、彼女は心の疲れがとれ、気持ちが軽くなりました。

そして、ありのままの自分を受け入れ、自信を持って生きていけるようになったのです。

このように「私は、実は、みんなから評価され、好かれていた」と気づけば、劣等感は自然に消えていきます。

3 劣等感は思い込みにすぎないと知る

禅の言葉に、「莫妄想」というものがあります。

「妄想すること莫れ」とも読みます。

「莫れ」とは、「してはいけません」という意味です。

つまり、「妄想してはいけません」と教えているのです。

人は、知らず知らずのうちに、妄想にとらわれていることも多いのです。

「妄想」とは、言い換えれば、「事実ではないことを事実だと思い込んで、あれこれ思い悩む」ということです。

たとえば、「この劣等感のために、自分は幸福になれない」ということも、人間が持つ妄想の一つではないでしょうか。

「私は飽きっぽい性格で、一つのことを長く続けることがなかなかできない」という劣等感を持つ人がいたとします。

そして、「飽きっぽい性格だから、私は幸福になれない」と思い込んでいるのです。

しかし、これも、ある意味、「妄想」にすぎないのではないでしょうか。

飽きっぽい性格の人は、一つのことは長続きしないかもしれませんが、その代わりに、たくさんのことを経験することができます。

趣味にしても、いろいろな種類の趣味を楽しめます。

勉強でも、一つのことに限って掘り下げていくことはないかもしれませんが、さまざまなジャンルの勉強をして教養を広げていくことができます。

そのように、いろいろな種類の趣味を楽しみ、さまざまなジャンルの勉強をするということは、その人はある意味、「幸福である」ともいえます。

ですから、「飽きっぽいから幸福になれない」と思うのは、「妄想」なのです。

「莫妄想」の精神を持って妄想から覚めれば、心の疲れがとれて安らげます。

4 いつも自分をほめる習慣をつける

心理学に、「自己肯定感」という言葉があります。

これは、「自分という人間を、ありのままに肯定的に考えていく意識」ということを意味している言葉です。

自己肯定感が高い人は、精神的に安定し、元気に明るく自分の人生を生きていくことができます。

一方で、自己肯定感が低い人は、悩んだり落ち込んでしまうことが多く、積極的に自分の人生を切り開いていこうという意欲に欠けるところがあります。

そういう意味では、自己肯定感を高めることが、心をラクにし、幸せに生きていくための大切なコツになります。

では、どのようにして自己肯定感を高めればいいのかといえば、その方法の一つに「自分をほめる習慣を持つ」ことがあげられます。

自己肯定感が低い人は、往々にして、「私はダメな人間だ」「私は何をやってもうまくいかない」と、自分を否定ばかりしています。

しかし、自分を否定ばかりしていたら、ますます自分が嫌いになっていくでしょう。

「自分を否定する」から「自分をほめる」に、心の習慣を切り替えるのです。

日常生活の中で、どんなことでもいいから、自分をほめるのです。

たとえば、「今日は料理がうまくできた。私はすごい」「体調がいいぞ。いつも健康に気を遣っている私は素晴らしい」といったようにです。

ことあるごとに自分をほめる習慣を持つことで、自分という人間を好きになっていきます。

それに従って、心の疲れがとれ、心が元気になっていきます。

5 「私はまだまだです」という謙虚さにひそむ自己否定に注意する

一般的に日本人は、自己肯定感が低いといわれています。

その理由の一つに、「謙虚という日本人の国民性」があるとも考えられるのです。

たとえば、仕事で抜群の成績を出したとします。

上司から、「よくやった」と、ほめられます。

しかし、そんな時でさえ、「いいえ、私はまだまだダメです。反省するところがたくさんあります」と言ってしまう人も多いのです。

そのような謙虚な態度は、日本人の美徳でもあるのでしょう。

また、反省することも大切だと思います。

しかし、一〇〇パーセントうまくいった時でさえ、「私はダメだ」「反省しなければならない」などと考えているのでは、自己肯定感は上がってはいかないでしょう。

逆に、うまくいかない事態に直面した時は、いっそう強く自己嫌悪を感じて、そのために、がんばる意欲を失ってしまうことにもなるのではないでしょうか。

そういう意味で、謙虚さも大切ですが、もっと「自分をほめる」ということをしてもよいと思います。

自分をほめるということは、「自分を甘やかす」ということや、「調子に乗って思いあがる」ということではありません。

それは、自分自身を肯定的に受け入れる、ということなのです。

そして、自分を肯定的に受け入れることによって、もっとよい人生を築きあげていこうという意欲を高めるということなのです。

さらに、ありのままの自分を好きになる、ということなのです。

自分が好きな人は、それだけポジティブに生きていけます。

6

「バカだった」と悔いる時ほど、「でも大丈夫！」と自分を信じよう

「自分をほめる」ことには、さまざまなよい効果があることが、科学的にもわかってきています。

たとえば、自分をほめると、脳の中でセロトニンというホルモンが盛んに分泌されるようになることが知られています。

セロトニンには、気持ちを落ち着かせ、精神を安定させるという効果があります。

また、ドーパミンというホルモンの分泌も盛んになります。

ドーパミンには、気持ちを元気にして、やる気を高めるという効果があるのです。

そういう意味では、窮地に陥っている時こそ、自分をほめるのがいいと思います。窮地にある時、「私には、この窮地を乗り越えていくだけの力がある。私はすごい」と、自分をほめてみるのです。

そうすることで、気持ちが落ち着き、やる気も高まっていくのです。

そこで、「こんなことになるなんて、私はなんて愚かなんだろう」などとネガティブなことを考えてしまったら、気持ちが乱れて集中力を失い、窮地を乗り越えていこうという意欲もなくなってしまうでしょう。

ですから、窮地に陥った時には、自分をほめたほうが得策です。

自分をほめて、窮地を抜け出すことができれば、そこでまた、自分に向かって「よくやった。よくがんばった」と、ほめてあげるのです。

するといっそう自己肯定感が高まっていき、「私は大きなことを成し遂げられる人間だ」という自信も大きくなっていきます。

7 「隣の芝生」を気にしても、苦にしない

ありのままの自分を好きになることが、元気な心で幸せに生きていくためのコツになります。

そのために、大切なことがあります。

それは、「むやみに他人と自分とを見比べない」ということです。

むやみに他人と自分を見比べてしまうと、他人が自分よりも優れたものを持っていることばかりが気になるようになります。

一方で、他人よりも自分が劣っているところがあることばかりに意識が向くように

なります。

たとえば、こんなことばかりを考えるようになるのです。

「私は、あの人に比べて、ユニークなアイディアを発想する才能がない」

「あの人に比べて、私はなんて行動力がないんだろう」

「私は、この職場では一番学歴が低い。嫌になってくる」

その結果、「自分が嫌いな人」になっていき、心が疲れ切っていきます。

「隣の芝生（しばふ）は青い」ということわざがあります。

これは、「他人が持っているものは、とかく、自分の持っているものよりも、よく見えてしまうものだ」という意味を表しています。

つまり、「むやみに他人と自分を見比べるようなことはしないほうがいい」と指摘しているのです。

自分には優れた点がたくさんあっても、むやみに他人と自分を見比べると、自分のいいところが見えなくなってしまうのです。

このことわざも、やはり、心から疲れをとり去って、元気な心で生きていくためのコツを説いていると思います。

8 むやみに自分を人と比べない。それが美しく生きるコツ

むやみに他人と自分を見比べてしまうクセがある人は、それだけで心がクタクタに疲れ切ってしまいます。

他人をうらやましく思う気持ちや、他人への嫉妬(しっと)心や、自分自身への嫌悪感や劣等感で気持ちを揺さぶられてしまいます。

そのために、心に強い疲労感がたまっていくことになるのです。

ですから、あまり、他人と自分を見比べて「自分はどうだ、こうだ」と考えることは、しないほうが賢明です。

一般的に、「他人と自分を見比べてばかりいて疲れる」というタイプの人には、「世間的な基準」でしかものを見ない人が多いようです。

たとえば、「人はお金があればあるほど幸せになれる。お金がない人は、それだけ不幸せだ」といった基準です。

このような世間的な基準で意識が縛られてしまうと、「お金」という観点から他人と自分を見比べてばかりいるようになります。

そして、自分よりも収入が多く、お金持ちで、ぜいたくな暮らしをしている人がいると、その人と自分とを見比べて、「私はなんてみじめなんだ。不幸なんだ」といったことを考えて落ち込むようになるのです。

そうならないために大切なのは、世間的な基準ではなく、「自分なりの基準」をつくるということです。

たとえば、「自分なりの個性的な夢を持って、その夢に向かって生きていくことが、人間にとっては一番幸せだ」という基準を持つのです。

そうすれば、むやみに他人と自分を見比べることもなくなり、精神的に疲労することもなくなります。

9 他人の成功ではなく、自分の成長を見つめよう

トヨタ自動車の創業者は、豊田喜一郎(とよだきいちろう)という人物です。

彼は、「屋根の美しさを羨望(せんぼう)するあまり、土台を築くことを忘れてはならない」と述べました。

この言葉にある「屋根の美しさ」とは、比喩(ひゆ)的な表現で、「他人の優れているところ」を意味しています。

また、「土台」とは、「自分自身の人間性や、仕事の能力」といったことを言い表しています。

つまり、彼は、「他人の優れているところをうらやんでばかりいて、自分自身の人間性を磨いたり、仕事の能力を高める努力を怠ってはいけない」ということを言っているのです。

言い換えれば、他人をうらやんでばかりいる人は、往々にして、自分を成長させる努力を忘れがちになる、ということを指摘しているのです。

他人をうらやんでばかりいても、自分を好きになることはできません。

むしろ、自分が劣っている部分が気になって、自分が嫌いになってしまうでしょう。

自分を好きになるには、自分を成長させる努力をすることが大切です。

自分の成長のためにがんばっているということ自体が、その人に「がんばっている自分が好き」という気持ちをもたらしてくれるからです。

そして、その「自分が好き」という気持ちが、その人の心を元気にします。

したがって、よその家の「屋根の美しさを羨望する」ばかりの人は、心が疲れていくばかりなのです。

10 ないものねだりをやめて自己肯定感を回復する

イソップ物語に、「馬をうらやんだロバ」という話があります。

あるロバは、同じ小屋で飼われている馬を、いつもうらやましく思っていました。

まず、馬のほうが見た目がよいのです。

馬のほうが体が大きく、脚が長く、とてもカッコイイのです。

それに比べて、ロバは、体が小さく、脚が短く、カッコ悪いのです。

また、ロバは、毎日重い荷物を運ぶ仕事をやらされて、与えられるエサもまずいものばかりでした。

一方で、馬は、おいしそうなエサを与えられて、重労働などさせられず、大切に育てられていました。

ですから、そのロバは馬をうらやましく思い、「自分も馬に生まれたかった」と考えていました。

ある時、戦争が起こりました。

その馬は、軍馬として戦争に連れて行かれることになりました。

そして、その馬は、間もなく、重傷を負って帰ってきたのです。

その馬はロバに、「私は、戦争に駆り出されることがないロバに生まれたかった」と言いました。

この話は、他人をうらやんでも意味がない、ということを表しています。

というのも、うらやましく思っていた人が不運な出来事にあい、実は自分のほうが幸福だった、ということも現実によくある話だからです。

人をうらやんで心が疲れている人は、このイソップの話で、少しは心の疲れがとれるのではないでしょうか。

あるべき自分ではなく、ありのままの自分で生きる

人と比べたい時ほど、比較をグッと我慢する

もっともっと自分をほめよう

第3章

悲しい出来事にめげてしまった心の疲れをとる

1 悲しみの中に希望の芽を探そう。それはきっとある

生きていれば、しばしば、悲しい経験をすることもあると思います。

そのために、これからの自分の人生についても、悲観的な気持ちになってしまうこともあるでしょう。

しかし、これからも自分の人生は、ずっと続いていくのです。

ですから、どこかで、悲しい経験を切り替えて、明るい元気な気持ちで未来へ向かって生きていくことが大切です。

そのためには、悲しい経験に何かポジティブな意味を見つけ出していくことが大切

になります。

ポジティブな意味が見つかれば、気持ちが切り替わります。

落ち込んでいた気持ちを振り払って、前向きに生きていけるようになります。

たとえば、恋人から「別れてほしい」と告げられ、実際に別れることになってしまったとします。

本人とすれば、とても悲しい経験だと思います。

しかし、そのような悲しい失恋の経験にも、ポジティブな意味を見つけ出すことも可能なのです。

たとえば、このように考えることもできると思います。

「この悲しい経験をしたおかげで、私は人間的に成長できた。人に対して、以前よりも、優しい気持ちで接していけるようになった。その結果、今度は、もっといい恋愛をできるだろう」

そのようなポジティブな意味を見つけられれば、将来に明るい希望を持てるようになります。

悲しみを乗り越えて、前に進んでいけるのです。

2 相手に失望しかけたら、見て見ぬふりで修復する

ある女性は、一年前に結婚したばかりです。

しかし、今は、悲しい気持ちでいます。

その理由は、「結婚する前には気づかなかった彼の欠点が、結婚生活を送っているうちに見えてきたから」ということなのです。

このように思っている新婚の女性は、ほかにもいるかもしれません。

結婚生活は、同じ屋根の下での共同生活です。

生活を共にするようになれば、相手の意外な欠点が見えてくることもあるでしょう。

たとえば、「実は、お金にすごくケチケチした人であることがわかった」「女性に対して威張り散らす人だとは思ってもいなかった」といったことです。

しかし、人間であれば、誰にでも欠点の一つや二つはあるものです。

言い換えれば、欠点をも含めて二人の生活を大切にしていこうという気持ちがなければ、結婚生活は長続きしないのかもしれません。

西洋の格言に、「結婚する前には目を大きく見開き、結婚したら目を半分つぶっておきなさい」（意訳）というものがあります。

結婚する前には、相手がどんな人間性の持ち主なのかをよくよく見きわめるために、目を大きく見開いて観察することが大切です。

しかし、それでも、結婚したあとになって、相手の意外な欠点に気づくことがあるかもしれません。

その時は、「目を半分つぶっておきなさい」と指摘しているのです。

つまり、「見て見ないふりをする。あまり気にしない」ということです。

それが、いつまでも幸せに長く結婚生活を続けていくコツだと思います。

3 涙の味を知るほどに、人生の味わいは深くなると信じる

エラ・ウィーラー・ウィルコックスというアメリカで活躍した女性詩人がいます。

彼女は、こう述べました。

「一つひとつの悲しみには意味がある。時には、思いもよらない意味がある。したがって、どんな悲しみであろうと、それは、この上なく大切なものだ。太陽がいつも朝を連れてきてくれるように、それは確かなことなのである」（意訳）

この言葉にある「悲しみには、時には思いもよらない意味がある」というのは、言い換えれば、「悲しみを経験することにも、ポジティブな意味がある」ということだ

と思います。

それは、たとえば、こんなことです。

「悲しい経験をすることで、自分の人生について、以前にもまして深く考えることができるようになる」

「悲しい経験が、自分をより心豊かな人間に成長させてくれ、人に優しい気持ちを持てるようになる」

ですから、悲しい経験をすることは、「この上なく大切なものだ」と、ウィルコックスは指摘しているのです。

しかしながら、悲しみに打ちひしがれている時、人は、悲しみの中にある「思いもよらない意味」「この上なく大切な意味」について気づくことができないのです。

「私はもう元気をとり戻すことはできない。一生、この悲しみを引きずっていかなければならない」と、悲観的な気持ちになってしまいます。

しかし、冷静になってよく考えてみれば、必ず「よい意味」を見つけ出すことができます。

そのことを忘れないことが大切です。

4
孤独で心が冷え始めたら、よき友に温めてもらう

人間が悲しい思いをするのは、おもに、孤独を感じた時ではないでしょうか。

たとえば、友人たちから仲間はずれにされた時です。

学校や会社でも、誰からも理解されずに孤立してしまう、といったことがあるかもしれません。

また、失恋や離婚などの時にも、人は深い悲しみを覚えるでしょう。

心理学に、「メンター」という言葉があります。

この言葉には、「支援者」という意味があります。

悲しい思いをしている時に、メンター、つまり支援者が身のまわりにいる人は、悲しみから精神的に立ち直るのが早いといわれています。

メンターとは、わかりやすくいえば、どんな時でも自分の味方になってくれ、自分を励まし慰めてくれる人です。

また、親身になって話を聞いてくれる、心から信頼できる相手です。

それは、肉親であったり、古くからの親友であったり、また、恩師と呼べるような人であったりします。

何か悲しい経験をした時には、そのような信頼できる相手に会って相談してみるのもよいでしょう。

信頼できる相手に話を聞いてもらうだけでも、非常に心がラクになるものです。

そして、「こんなことで、めげてはいられない。がんばっていこう」という元気も出てきます。

今、そのようなメンターがいない人は、信頼できる人を一人でもつくっていくように、いつも心がけていくことが大切です。

5 「おひとりさま」習慣で精神力を鍛えておく

心理学に「積極的孤独」と「消極的孤独」という言葉があります。

積極的孤独は、英語で「ソリテュード」、消極的孤独は、英語で「ロンリネス」とも言います。

ソリテュード、つまり積極的孤独とは、みずから積極的に一人になる時間をつくり出し、その時間を趣味や読書や好きなことをして楽しみ、充実したものにしていく、ということを意味しています。

一方で、ロンリネス、つまり消極的孤独とは、仲間はずれにされたり、まわりの人たちから孤立して、一人きりになってしまう、ということです。

心理学では、ふだんから「一人の時間を楽しむ」習慣のある人は、時に孤立するような経験をすることがあっても、その悲しみで心が折れてしまうことは少ない、といわれています。

つまり、一人の時間を楽しむ習慣のある人は、「孤独の悲しみに、精神的に強い」のです。

孤独の悲しみを感じることがあっても、そこで悲観的になってしまうことなく、孤独の悲しみを乗り越えて、前向きに生きていく強い精神力があるのです。

そういう意味でいえば、ふだんから、意識的に一人になる時間をつくり、その時間を楽しむ習慣を持っておくようにするのがよいと思います。

一人で楽しむ趣味を持つことのほか、一人旅をするのもいいでしょう。

一人で美術館や博物館めぐりをしてもいいでしょう。

そのように「一人で人生を楽しむ」習慣がある人は、孤立することがあったとしても、その悲しみに押しつぶされることはありません。

6

充実した孤独が、いい人生をつくると考える

近代的な芸術家として活躍した人物に、岡本太郎がいます。

一九七〇年に大阪で催された万博（万国博覧会）で、シンボルとなる「太陽の塔」を制作した芸術家として有名です。

彼は、「孤独であって、充実している。そういうのが人間だ」と述べました。

おそらく、彼は「充実した孤独の時間」を持っていたのでしょう。

それは、彼の場合、一人で芸術作品の制作に没頭する時間だと思います。

彼は、そのような「充実した孤独の時間」を持つ人間だったのです。

彼が芸術家としてデビューした当初、あまりにもユニークで斬新（ざんしん）な作品のために、なかなか理解されず、批判されることも多かったといいます。

その時、もちろん悲しい思いをしたと思います。

しかし、彼は、その悲しみに負けることはありませんでした。

悲しみをはねのけていくことができました。

それは、彼に「充実した孤独の時間」があったからだと思います。


ふだんから、孤独の中で充実したことをしていく習慣のある人は、まわりの人たちから理解されなかったり、批判されて悲しい思いをすることがあっても、前向きな意欲を失うことなく、乗り越えていくことができるのです。

そういう意味では、誰でもふだんから「一人で何かをする」という習慣を持つといいと思います。

たとえば、いつもは大勢で行動することが好きな人も、時には一人旅に行ってみたり、一人で外で食事をしたり、一人で映画を観に行ったりするのです。

そのような一人の時間が、精神を強くします。

7 明日に願いをかけることで今日の失意から立ち直る

『風と共に去りぬ』という映画の中に、「何があっても、明日は明日の風が吹く」というう有名なセリフがあります。

主人公のアメリカ人女性スカーレット・オハラは、裕福な家庭に生まれましたが、南北戦争に負けて財産を失ってしまいました。

しかし、持ち前のバイタリティで、綿花(めんか)の生産で成功しました。

そして幸せな結婚をし、子供も生まれました。

しかし、その後、子供を亡くし、両親とも死別し、夫も彼女のもとを去ってしまうのです。

悲しみに打ちひしがれ、スカーレットは泣きくずれますが、スクッと立ち上がって、「何があっても、明日は明日の風が吹く」と言うのです。

この言葉には、「どんなに悲しいことがあっても、明日にはまた新しい運命が待っている。明日は幸せを呼び寄せる風が吹くかもしれないのだから、希望を持って生きていくことが大切だ」という意味が込められているように思います。

そのように、スカーレットは「悲しい思いをしても、そのたびに立ち上がって、希望を持って生きていく女性」として描かれているのです。

確かに、悲しい経験をしたからといって、その悲しい出来事が今後もずっと続くということはありません。

悲しい経験もすれば、うれしい出来事もあるのが人生です。

したがって、どんな経験をしたとしても、「きっと明日はいい日になる」と信じて、希望を持って生きていくことが大切です。

8 喜びの時が過ぎたように悲しみも去っていくと知る

仏教に、「愛別離苦（あいべつりく）」という言葉があります。

これは、「愛する者と別れ、離れる苦しみ」を意味しています。

仏教では、この愛別離苦が、人間が持つ苦しみの中でもっとも大きな苦しみであり、もっともつらい悲しみだと考えています。

しかし、愛別離苦は、生きている限り避けられない苦しみであり、また悲しみであるのです。

人は生きている間に、たくさんの「愛する人」に出会います。

そして、「愛する人と永遠に一緒にいたい」と願います。

しかし、それは不可能なのです。

たとえば、愛し合って結婚した相手と離婚することもあるでしょう。

また、愛する両親と死別することもあるでしょう。

ですから、愛別離苦は、人間の避けられない運命なのです。


では、仏教では、どうすれば、愛する人と別れる苦しみや悲しみを乗り越えていけると教えているのでしょうか。

答えは、「諸行無常（しょぎょうむじょう）」という言葉の中にあります。

「諸行無常」は、「この世に永遠に続くものは何一つない」ということを意味します。

この真理を正しく理解することが、愛する人と別れる苦しみや悲しみを乗り越えるための一つのきっかけになるのです。

つまり、愛する人との生活も決して永遠に続くものではないのです。

このことを正しく理解することで、愛する人への執着心を捨てて、上手にあきらめることができるのです。

9

上手に「あきらめる」ことで心を深く癒す

悲しい経験を乗り越えていくためには、「あきらめる」ことが大切です。

恋人と別れることがあっても、パートナーと離婚することがあっても、あるいは、愛する両親と死別することがあっても、上手にあきらめていくのです。

実は、この「あきらめる」という言葉の語源は、仏教にあります。

「あきらめる」という言葉には「あることを断念する」という意味と同時に、「明らかにする」という意味もあります。

つまり、「真理を明らかにする」ということです。

では、その真理とはなんなのでしょうか。

仏教は、「愛する者との生活は永遠に続くものではない。あらゆることには限りがあるのであり、それにもかかわらず、いつまでも愛する者への執着心を捨てられないから、苦しみや悲しみから離れられない」と説きます。

そして、この真理に気づき、愛する者への執着心を捨てることによって、「上手にあきらめられる」と説くのです。

すなわち、執着を捨てることで、苦しみや悲しみから解放される、ということなのです。

執着を捨て、上手にあきらめた先に、新しい人生が見えてきます。

新たな夢や希望といったものが、見えてくるのです。

仏教でいう「あきらめる」という言葉には、そのような非常に前向きな意味が込められているのです。

「あきらめる」ことは、決して、ネガティブなことではないのです。

そういう意味で、この「あきらめる」という言葉の意味を知ることは、悲しみで疲れた心を癒す一つのきっかけになるのではないでしょうか。

10 人は誰も一人だけれど、一人ぼっちじゃないと悟る

ブッダに、次のようなエピソードがあります。

ブッダが布教のために、ある村にやってきた時のことです。

その村には、キサーゴータミーという女性が暮らしていました。

彼女は幸せな結婚をし、愛する夫との間に子供を宿すという幸福にも恵まれました。

しかし、突然の不幸に見舞われたのです。

愛する夫が急に亡くなってしまい、出産した子供も間もなく死んでしまったのです。

彼女は、「なぜ私だけが、こんな悲しい思いをしなければならないのか」と、嘆(なげ)き

ました。

その時、その村にブッダがやってきたのです。

ブッダが尊い霊力を持っていると聞いた彼女は、「どうか私の愛する子供を生き返らせる薬をつくってください。命を蘇らせてください」と泣きながら頼みました。

するとブッダは、彼女に、こう言いました。

「わかった。薬をつくってあげよう。だが、その薬にはケシの実が必要になる。この村で、これまで一人も死者を出したことのない家からケシの実をもらってきなさい」

彼女は村中の家を回りました。

しかし、「一人も死者を出したことのない家」は、一軒もありませんでした。

疲れ果てて戻ってきた彼女に、ブッダは言いました。

「愛する者と別れる悲しみを経験しているのは、決してあなただけではない。愛する者と別れる悲しみは、すべての人間に課せられた運命である」と。

彼女は、「この悲しみは、ほかの人たちもすべて経験していることだ」と理解した時、悲しみを乗り越えていくきっかけをつかむことができました。

その後、彼女はブッダの弟子になりました。

11 多くの人とつながることで別れの悲しみを癒す

「グリーフ・ケア」という言葉があります。

「グリーフ」には、「悲嘆（ひたん）」という意味があります。

つまり、この言葉は、「愛する人と死別した人の悲しみを、どのように癒していくかを考える」ということを意味しているのです。

このグリーフ・ケア、つまり、悲しみを癒す方法の一つに、「イベントを催す」というものがあります。

たとえば、ある女性は、愛する夫を失いました。

その悲しみを乗り越えるために、彼女は、絵の展示会を催したのです。

夫は生前、油絵を趣味にしていて、家には、夫が描いた作品がたくさん遺されていました。

そこで彼女は、それらの絵を展示する会を催したのです。

展示会には、夫の友人や、仕事でお世話になった人などを大勢招きました。

先に逝った愛する夫のために、そのようなイベントを催したことで、彼女の心がずいぶんラクになったのです。

このように、愛する夫のためのイベントを自分なりに企画して実施してみるのです。

そのことで、悲しみが癒されることがよくあるのです。


これは、死別の悲しみ以外のことにも応用できると思います。

たとえば、恋人と別れて悲しい思いをしている人がいるかもしれません。

そんな人は、たとえば、自分の母親の誕生日パーティーを企画してみます。

誕生日会で家族たちと楽しいひと時を過ごすことで、恋人と別れた悲しみが癒されていくこともあるのです。

悲しみの中にも希望が隠れていることを知る

「なぜ私だけが？」と孤立せず、よき友に癒しを求める

あきらめることの大切さに気づこう

第4章

毎日がつまらなくてヤル気が起きない心の疲れをとる

1 「何かないかな」ではなく、「何かをやろう」と前を向く

「毎日がつまらない」「倦怠感を覚える」と言う人がいます。

そのような状態になる、もっとも大きな原因は、多くの場合、マンネリにあるのではないでしょうか。

日々、同じようなことをくり返し、同じような顔ぶれの人とばかり会っていると、人は往々にしてマンネリになっていきます。

それと共に、「つまらない」「なんとなく疲れる」といった状態になっていくのです。

このマンネリを打破する方法は、「何か新しいことにチャレンジしてみる」「何かに

チャレンジすることを楽しむ」ことだと思います。

たとえば、ウィンタースポーツの経験がない人は、スキーやスケートに挑戦してもいいでしょう。

ふだん、あまり体を動かす習慣がない人は、スポーツクラブなどに入会してみるのもいいと思います。

趣味のサークルに入って、そこで新しい人たちとの交流を楽しむのもいいでしょう。

そのように、今まで経験したことがないことにチャレンジし、それを通して新しい知り合いや友人をつくることで、マンネリ感を打破できると思います。

そうすれば、「毎日がつまらない」「倦怠感を覚える」という状況から抜け出すことも可能になるでしょう。

言い換えれば、チャレンジ精神が足りない人は生活がマンネリになりやすく、「つまらない」「体がだるい」といった状況に陥りやすいのです。

したがって、自分から意識して、積極的に、何か新しいことにチャレンジしていく習慣をつくることが大切です。

2 面白そうだと感じたらすぐ動く

「好機逸すべからず」という格言があります。

これには、「絶好のタイミングは、逃してはいけない」という意味があります。

何か新しいことにチャレンジする時も、この「好機逸すべからず」が大切になってくるのではないでしょうか。

「面白そうだな」と興味を持った時、「あとでやればいい」と先送りすると、そのままやらずに終わってしまう、ということになりがちです。

せっかくのいいタイミングを失って、マンネリ化した生活を打破するチャンスも失ってしまいます。

ですから、「面白そうだ」と感じたら、「すぐ動く」のがいいのです。それが、「好機逸すべからず」であり、チャレンジ精神を発揮するコツなのです。

ある人は、友人から、「楽しそうな劇団があるから入会してみない？　見学だけでも行ってみない？」と誘われた経験があったといいます。

子供たちに演劇を見せるアマチュアの劇団で、休日に活動しているのです。

その人も「面白そうだ」と興味を持ちましたが、なんとなく、今すぐでなくてもいいと思えて、「また機会があったら行く」と答えました。

しかし、結局、その人は今でも、その劇団を見学しにも行かず、もちろん参加もせずにいるのです。

そして、「毎日がなんだかつまらない」と、こぼしているのです。

面白いと感じたことを、なんとなく先延ばしにしてしまう人は、このように「毎日がつまらない」という状況から抜け出せないことが多いと思います。

やはり、面白く感じたら「すぐ動く」ほうがいいのです。

3
失敗しても「いい経験だった」と次につなげる

「これは楽しそうだ」「面白そうだ」と興味をそそられるものを見つけても、「今じゃなくてもいい。もう少し落ち着いてからでいい」と先延ばししてしまいがちな人には、過去の失敗体験を引きずっている人が多いようです。

たとえば、過去に、興味を持って歴史を研究するサークルに参加したけど、長続きせずに終わってしまった、といった経験です。

昔、楽しそうだと思ってテニスのクラブに入会したけど、試合で負けてばかりいるのでつまらなくなって、やめてしまった、という経験がある人もいます。

英会話が好きな人が喫茶店などに集まって、英語で話をするグループに興味を感じて参加したけど、そこにいる人たちの高いレベルについていけず、恥ずかしい思いをしてやめてしまった、といった人もいます。

このような失敗体験を引きずっている人は、新しく興味を覚えることが出てきたとしても、「また、長続きしないんじゃないか」「どうせ、つまらない思いをすることになるだろう」「もう、恥ずかしい思いをするのは嫌だ」とネガティブなことを考えて、チャレンジする意欲を失ってしまう場合が多いのです。

そうならないために大切なことは、過去の体験をあまり否定的に考えない、ということにあります。

「あれはあれでよい経験だった。今になってみれば、楽しい思い出だ」と肯定的に考えるほうが賢明です。

そうすることで、新しいことにチャレンジしていく意欲が失われることもなくなるでしょう。

その結果、これからの人生も充実したものにできると思います。

4 疲れても家にこもらず、積極的に外に出る

次のような経験を持つ人もいるのではないでしょうか。

「休日は一日中家にいて、何もしなかった。ゆっくり休養したのだから、仕事の疲れがすっかりとれて、休日明けには元気一杯で会社に行けるはずだ。でも、実際には、休日明けはなんとなく体がだるく、元気も出ない。仕事にも集中できない」といった経験です。

このように、人には、何もしないでいるとかえって疲れがたまってしまうという、一見矛盾したことが起こるものなのです。

「消極的休養」と「積極的休養」という言葉があります。

消極的休養とは、「何もせず、ただ静かにしている」という休み方です。

精神的にも肉体的にも本当に疲れ果てているとか、あるいは、カゼなどを引いて体調が悪いといった時には、この消極的休養のほうが、疲れをとり、元気をとり戻すには有効です。

しかし、それほど疲労がたまっておらず、また、健康で体調もいいという状態で消極的休養をとると、かえって「体がだるくなる」「気持ちがボンヤリする」ということになりやすいのです。


一方で、積極的休養とは、軽い運動をしたり、散歩をしたり、小旅行に行ったりするという、活動的な休み方です。

体調などに問題がない時には、むしろ、この積極的休養のほうが有効なのです。

したがって、休日の過ごし方も、体調が悪くない時には、家に閉じこもるのではなく、どこかに遊びに出かけるなど、積極的休養をとり入れていくほうが賢明です。

それで体も心も元気になります。

5 心のチャンネルをいつも「好奇心」に合わせよう

精神科医として、また、経験と知識を生かしたエッセイストとして活躍した人物に斎藤茂太がいます。

彼は、このように述べています。

「人生を楽しく、明るく生きるコツは何かと問われれば、答えは『好奇心』である。少しも難しいことはない。心のチャンネルをちょっと切り替えるだけなのである」

この言葉にある「心のチャンネルをちょっと切り替える」とは、「無関心で物事に接していくのではなく、好奇心を持って物事に接していく」ということを言い表していると思います。

新しいことにチャレンジするのにも、日頃から好奇心旺盛に「何か面白そうなことはないか」といろいろな情報に接していくことが大切です。

無関心な人は、何を見ても、聞いても、読んでも、「つまらない」と感じてしまいがちです。

そのため、「新しいことにチャレンジしてみたい」という意欲も起こりません。

結局は、生きていくこと自体が「つまらないもの」に感じられるようになってしまうのです。

心のチャンネルを切り替えて、好奇心旺盛に物事に接することが大切です。

好奇心旺盛にテレビを観て、好奇心旺盛に人の話を聞き、好奇心旺盛に新聞や雑誌を読みます。

そうすれば必ず、「これをやってみたいな」というものが見つかると思います。

それが「つまらない人生」から「楽しい人生」に、生き方そのもののチャンネルを切り替えるきっかけにもなるでしょう。

そうすれば、心の疲れを感じることなく、元気に生きていけるようになります。

6
「面白そう」を口グセに。「やってみよう」を行動グセに

心理学に、「共感的好奇心」という言葉があります。

「他人の気持ちに共感したい。この人と同じ気持ちを味わいたい」という動機から生まれる好奇心のことをいいます。

たとえば、友人の一人が、「オジさんバンド」を結成して演奏しているとします。

オジさんバンドとは、若かった頃にエレキギターやドラムの演奏を楽しんでいた人たちが、オジさんと呼ばれる年齢になってから、趣味で音楽演奏を楽しむために結成するバンドです。

その友人を見ていると、とても楽しそうに演奏に熱中しているのです。

その楽しそうな感じに共感し、「私も趣味で演奏を始め、この人のように人生を楽しみたい」と思い、実際に、その思いを実現するために行動を起こすことがあります。

これが「共感的好奇心」と呼ばれるものです。


このように、身近にいる人に影響を受けて、あることに好奇心を持ち、自分も始めてみることは、よくあるのではないでしょうか。

たとえば、「山登りほど楽しいものはない」と山登りに熱中し、楽しんでいる妻から、「その楽しさを、自分でも体験してみたい」という好奇心を触発されて、夫も山登りを始める、といったこともあります。

これも「共感的好奇心」です。

そういう意味では、何か趣味を持って楽しんでいる「人」についても、好奇心旺盛に接し、その人の話を好奇心旺盛に聞いてみることも大切になってきます。

それも、自分自身の「つまらない人生」を「楽しい人生」へと切り替える一つのきっかけになるのです。

7 「もっと知りたい」という初恋のような目で人生を見直す

人が持つ好奇心には、「知的好奇心」と呼ばれるものもあります。

これは、「あることについて、もっと深く研究して教養や知識を深めていきたい」という好奇心です。

このような知的好奇心を旺盛に持ちながら生きていくことも、人生を楽しみ、心を元気にしていくコツになります。

今、「日本史」がちょっとしたブームになっています。

ある男性は、織田信長に関する小説を読んだことから、歴史ファンになりました。

そして、戦国時代のほかの武将たち、豊臣秀吉や徳川家康、武田信玄（しんげん）や上杉謙信（けんしん）などがどのような人生を送ったのかについても知的好奇心を覚え、いろいろな本を読みあさるようになりました。

そして、そんな戦国武将のファンクラブのような会に参加し、たくさんの人たちと知り合う機会も得ました。

また、彼は、戦国武将について調べていくうちに、城郭（じょうかく）建築にも知的好奇心を覚えて、日本全国の城を見るために旅するようになりました。

さらに、日本の城を調べるにつれて、海外の城にも興味を感じ始め、ヨーロッパの城について調べるようになりました。

そして、実際に城を見るためにヨーロッパにも旅行するようになったのです。

このように、知的好奇心は、いろいろな分野に広がっていくことが特徴です。

分野が広がっていくにつれて、それについて調べていくことが、ますます楽しくなっていきます。

したがって、日頃から、「これについてもっと詳しく知りたい」という知的好奇心を旺盛に持っておくことが、人生を楽しくするコツになります。

8 行ったことのない場所に行くことで心のコリをほぐす

好奇心には、「拡散的好奇心」と呼ばれるものもあります。

これは、「日常的に生活を送っている範囲から、外へ意識を拡散していく」ことによって生まれる好奇心です。

わかりやすくいえば、ふだん行かない場所へ行ってみたり、ふだんやっていないことをやってみる、ということです。

たとえば、ふだんあまり通らない道や、あるいは今まで通ったことのない道を歩いてみるのです。

すると、庭に美しいバラの花がたくさん咲いている家を見つけるかもしれません。

家の人が庭に出てきて、一生懸命にバラの手入れをしていることもあります。

そんな光景を見ることで、「バラを育てるのは楽しいんだろうな」という好奇心をそそられます。


そして、実際に、自分もバラの栽培を始める人もいるでしょう。

また、バラの栽培を始めることで、園芸店にひんぱんに通うようになり、お店の人と仲よくなって、いい友達が一人増える、ということもあるかもしれません。


そういう意味から、毎日同じことばかりしているのではなく、時々、日常生活の範囲から外へ飛び出し、行ったことのない場所に身を置いてみたり、やったことのないことをやってみたりしてもいいと思います。

そこから、刺激的な、楽しい、新しい人生が始まるかもしれないのです。

したがって、いつも自分の意識を広い世界へ向かって拡散していくことが大切です。

そのような拡散的好奇心を持つ人は、心の疲れをとることがうまい人だともいえるでしょう。

9 楽しくないなら笑おう。笑うから楽しくなるんだ

「毎日がつまらない。楽しいことがない」

「何もしていないのに、なんとなく疲れる」

そんなことを言う人は、おそらく、「明るく笑うことが少ない人」ではないかと思います。

「つまらない」という言葉通り、つまらない顔をして日々を過ごしたり、「疲れる」という言葉通り、疲れ切った表情をしていたりするのではないでしょうか。

そのような精神的な疲れをとり、元気をとり戻して楽しく生きていくために、一日

の生活の中で、陽気に笑う機会をもっと増やすほうがいいと思います。

アメリカの哲学者であり心理学者でもあった人物に、ウィリアム・ジェームズがいます。

アメリカの大学で初めて心理学の講義を始めた人物としても知られています。

このウィリアム・ジェームズは、「楽しいから笑うのではない。笑うから楽しいのだ」と述べました。

言い換えれば、「つまらないから笑えない」のではありません。

陽気に笑うだけで、つまらない気持ちを吹き払い、心が元気になっていくのです。

したがって、日常生活の中でも、友人や家族たちと楽しく笑って会話する機会を増やすことが大切です。

テレビのお笑い番組などを見て、明るく笑うようにするのもいいと思います。

そのようにして、楽しく、明るく笑う機会が増えていけば、以前よりも、もっと元気に暮らしていけるようになるでしょう。

10 幸福の条件は愛と笑いだけだと気づく

「笑う門には福来る」といいます。

明るく笑いながら暮らしていると、それだけで「私は幸福だ」という気持ちになっていくのです。

これは、科学的にも事実だといわれています。

明るく笑っていると、脳の中でエンドルフィンやドーパミンというホルモンの分泌が盛んになることが知られています。

エンドルフィンは、幸福感をもたらす効果があります。

また、ドーパミンは、意欲を増し、やる気を起こさせる効果があります。

つまり、明るく笑っているだけで、「なんとなく疲れる」といった気分を吹き飛ばし、「何か楽しいことをしたい」という意欲が増していくのです。


古代ローマの詩人であるホラティウスは、「愛と笑いがなければ、幸福はない。愛と笑いに囲まれて生きることが大切だ」（意訳）と述べました。

家族、恋人、友人といった愛する人たちと陽気に笑う機会を増やすことが大切です。

それが、幸せになるコツなのです。


逆の言い方をすれば、身近に愛する人がおらず、笑う機会も少ない人は、そのために「生きることがつまらない」という気持ちになってしまいがちです。

そういう意味で、元気に、幸福に生きていきたいのであれば、「愛と笑いに囲まれて生きる」ことを心がけるほうが得策です。

まずは自分が明るく笑えば、まわりの人たちも明るく笑い始めるでしょう。

すると、明るさがあふれ、お互いの愛情も深まっていきます。

11 よく動きよく笑えば元気は無限に湧くと知る

「明るく笑う」ことと同じように、「適度な運動」も、人の精神を元気にする効果があることが知られています。

適度な運動をすると、脳内で、幸福感を増したり、意欲を向上させる働きをするホルモンが盛んに分泌されるようになるのです。

つまり、「運動する」と「笑う」のかけ算で、心の疲れをとり去り、楽しく生活していくための効果がさらに高まるのです。

たとえば、友人たちとテニスをしながら、「あなた、腕前を上げたね」「今のスマッシュ、すごかったね」などと言って陽気に笑い合うのです。

アマチュアのバレーチームなどに参加して、楽しく笑いながらボールを追いかけ合うのもいいと思います。

夫婦でウォーキングをしながら、その途中、楽しく会話をはずませ、笑い合うのもいいでしょう。

スポーツクラブなどで、楽しく笑いながら行うダンスクラスなどに参加してもいいと思います。

最近は、笑いヨガも流行しているといいます。

これは、笑いながら行う体操のことです。

体を動かしながら、大きな声で笑うのです。

この笑いヨガを定期的に行っているグループもあるようですから、それに参加してもいいでしょう。

週に何度か、このような「運動しながら笑う」ことを習慣にすることで、元気で幸福な生活を実現できると思います。

眠ってしまった好奇心を呼び覚まそう

行動することで心の状態を変えていく

最善のマンネリ打破法は未知への挑戦

第5章

不運続きでもがいている心の疲れをとる

1 不運は何かが変わるシグナルだと理解する

人生には、運がいい時もあれば、運に恵まれない時もあります。

また、不思議なことに、不運は重なって訪れることも多いようです。

たとえば、一昨日は財布を落とし、昨日は携帯電話が故障してしまい、今日は道で転んで痛い思いをする、といった具合です。

このような経験をすれば、「私って、どうしてこんなに不運なんだろう」という気持ちにもなってきます。

しかし、自分で自分を「不運な人間だ」と決めつけることは、よいことではないと思います。

決めつけてしまったら、精神的にいっそう落ち込んでいき、心にもさらに疲労感がたまっていくでしょう。

したがって、たとえ不運な経験をしても、そこで「私は不運だ」と思わないようにすることが大切です。

むしろ、発想を転換して、次のように考えてみるのです。

「財布を落とした。これは、神様が『最近、注意力がなくなっているから気をつけなさい』と教えてくれた証しなんだ。ありがたい」

「携帯電話が故障した。その間、たくさんの連絡やメールに対応することなく、心静かな生活を送れた。その意味では、よかった」

「転んでケガをしたら、急に家族が優しく接してくれるようになった。なんとなく、うれしい経験だった」

このように、ポジティブに考えることによって、気持ちが前向きになります。

気持ちが前向きになれば、不運な時期から抜け出すのも早いのです。

2
運は変えられる。「幸運引き寄せ生活」を始めよう

中国人と日本人では、「運」に対する考え方が非常に異なっている、という話を聞いたことがあります。

中国人には、「運は天から与えられるものであり、自分の力では変えられない」という意識が強いのです。

いわば、「宿命」という考えです。

ですから、「不運な人」は、本人がどんなにがんばっても、一生「不運な人」として生きていかなければなりません。

一方、日本人は、「運が天から与えられるものであったとしても、それは自分の力で変えられるものである」という意識が強いのです。

つまり、日頃からよいことを心がけ、明るく元気に生きていれば、たくさんの幸運を呼び寄せられる、と思っているのです。

たとえば、外で大事なイベントを行う日に、よい天気に恵まれた時など、日本人は「日頃の心がけがよかったから」といった言い方をします。

反対に、あいにく雨が降ったりすると、「日頃の心がけが悪かったから」といった言い方をします。

つまり、日本人には、古くから、よいことを心がけていれば幸運に恵まれ、心がけが悪いと不運な出来事が来る、という意識が根づいているのです。

いろいろな意見があると思いますが、基本的には、日本人の伝統的な考え方に従って、「運は自分の力で変えられる」と考えていくほうがよいと思います。

そのほうが、「毎日を明るく暮らしていこう」という意欲が高まるからです。

そして、明るい気持ちを持っていれば、実際に、多くの幸運を引き寄せられると思います。

3 朝目覚めた時、その日一番楽しいことを思い浮かべよう

アメリカの著述家で、幸福な生き方について数多くの本を書いた人物に、ウエイン・W・ダイアーがいます。

彼は、「『よし、いい朝だ』と思うのも、『あーあ、朝か』と思うのも、その人の考え方次第だ」（意訳）と述べました。

朝、どんな気持ちで目覚めるかは、その一日の運、不運を決定してしまうような力があると思います。

「いい朝だ。今日も調子がいいぞ。いいことがたくさんありそうだ」といった気持ちで元気に目覚めれば、実際に、その日、その人は多くの幸運に恵まれるのではないでしょうか。

反対に、「もう朝か。また会社に行かなければならない。あーあ、嫌だ嫌だ。気持ちが落ち込む」といったことを考えながら目覚めてしまったら、その人は、その日、不運ばかりに見舞われることになりかねません。

つまらないミスで失敗したり、上司から叱られたりといったことです。

朝は一日の生活のスタート地点です。元気にスタートすれば、その日一日を元気よく突っ走っていけるでしょう。

「一年の計は元旦にあり」といいますが、「一日の計は朝にあり」とも言い換えられるように思います。

また、朝、明るく元気でいれば、幸運にも恵まれるでしょう。

しかし、朝っぱらから「あーあ、疲れる」みたいな考え方をしていたら、一日中重苦しい疲労感を引きずって暮らしていくことになると思います。

これでは、みずから不運な出来事を招きかねません。

4
いいことを思おう。いいことが起こる

鎌倉時代の随筆家に、吉田兼好がいます。

彼は、代表作である『徒然草』の中で、「吉凶は、人によりて、日によらず」と述べました。

よく、占いで、「今日は幸運に恵まれている」「今日は不運なことが起こる」といったことを予測する場合があります。

吉田兼好の言葉にある「吉凶」の「吉」とは、そのような「幸運に恵まれた日」を意味しています。

一方、「凶」は、「不運なことが起こる日」を表しています。

そして、兼好は、「その日が幸運に恵まれた日になるか、それとも不運なことが起こる日になるかは、運勢によって決まるのではない。その人の、その日一日の心がけや生き方によって決まる」と言っているのです。

つまり､テレビや雑誌の占いなどで､「今日は、あなたにとって不運な日になるでしょう」という予測が出ていたとしても、あまり気にしなくていいと思います。

兼好が指摘しているように、幸運な日になるか、不運な一日になるかを決定するのは、「人による」からです。

自分自身が、「今日も元気だ。今日もいい一日になる」と思って前向きに明るく暮らせば、占いでどんなに不運な予測が出ようとも、その人にとっては、その日は「幸運に恵まれた、いい一日」になるのです。

つまり、運勢がどうなるかは、その人次第だということです。

「いいことを思えば、いいことが起こる」

そう信じて生きていくことが大切です。

5

どんな出来事も「結局ハッピーエンドになる」と楽観する

ある若い女性は、次のような経験をしました。

彼女に恋人ができた時のことです。

初めてのデートで、彼の前で飲み物をこぼすという失敗をして、恥ずかしい思いをしてしまったのです。

二回目のデートでは、道の段差につまずいて転んでしまい、またもや彼に笑われて恥ずかしい思いをしました。

彼女は、しばらくの間、「好きな人の前で二回も続けて恥ずかしい失敗をするなんて、私は、なんて不運なんだろう」と落ち込みました。

しかし、その後、ちょっと考え方を変えてみたのです。

「恥ずかしいことをした」のではなく、「私は彼に楽しい笑いを提供してあげたんだ。彼に楽しそうに笑ってもらって、よかった」と考えたのです。

そう考えることができて、彼女は気持ちがとてもラクになりました。

そして、その女性は、彼と、その後も仲よくつき合っていき、結婚の約束もしたそうです。

もし、彼女が「私は不運だ。恥ずかしい思いをした」というネガティブな考えを捨てられず、そのまま持ち続けていたら、おそらく、彼と別れることになり、好きな人と結婚するという幸運には恵まれなかったかもしれません。

笑われたことを、「笑いを提供してあげた」と、ポジティブに、楽天的に考え直すことができたからこそ、幸運を引き寄せることができたと思います。

このように、人が経験するあらゆる「不運」は、その人の意識の持ち方次第で、「幸運」とすることができるのです。

6 運不運を考えず、「今」を大切に生きる

ある男性には、次のようなエピソードがあります。
好きだった女性をドライブに誘ったのです。
彼女は海がとても好きだったので、海に行くことにしました。
しかし、残念なことに、海へ向かう道路が、とても渋滞していたのです。
車が止まったまま、ちっとも前に進まない状態になってしまったのです。
いつまでも海に到着しないまま、時間だけがどんどん過ぎ去っていきます。
当初、彼は、「渋滞につかまって、彼女に海を見せてあげることができないなんて、

僕はなんて運がないんだろう」と、落ち込みました。

しかし、そのあと、ちょっと考え方を変えたのです。

「今、僕たちは、車の中で二人きりでいる。誰にも邪魔(じゃま)されない環境にある。この機会にいろいろな話をして、彼女との相互理解をはかろう。こういう状況になったことは、僕にとって幸運だったのかもしれない」と考えたのです。

そして、実際に、車の中で、昔の思い出話や、これからの夢のことなど、たくさんの話をしました。

その結果、相互理解がグッと進み、人間的なきずなも強まって、彼は彼女を恋人にすることができたのです。

渋滞につかまったのは、たまたま訪れた「不運」といえます。

その「不運」を、肯定的な意味に受けとることができたからこそ、彼はそれを「幸運」にすることができたのです。

何事も、楽天的に、自分にとってよい意味に理解していくことが大切です。

7
あきらめない。努力と辛抱が幸運を引き寄せるから

一生懸命に努力しているのに、世の中や、まわりの人たちから、なかなか認めてもらえないことがあります。

それどころか、「あんなに努力しても芽が出ないのは、あの人が無能である証しだ」などと悪口を言われることもあります。

そういう状況では、「私は、なんて運のない人間なんだろう」と落ち込んでしまうことにもなるでしょう。

しかし、そこで「運に恵まれない」と嘆くことはありません。

認められない状況で一生懸命に努力すれば、その努力は将来的に大きく花開くことになるのです。

日本のことわざに、「辛抱する木に金がなる」というものがあります。

なかなか認められない状況でも、我慢強く「辛抱」していくのです。

そうすれば、「金がなる」のです。

これは、「成功する」ことを象徴している言葉です。

つまり、このことわざは、「辛抱することを知っている人は、やがて世間から評価され、成功することができる」という意味になります。

ですから、努力を認めてもらえないからといって「私は運がない」と決めつけるのではなく、それでも辛抱して、努力を続けていくことが大切です。

そうすれば、必ず、運がない状況をひっくり返して、「成功する」という幸運を手にすることができます。

努力と辛抱が幸運を引き寄せてくれるのです。

8 不遇は力の蓄積期だととらえる

昭和を代表する日本画家に、東山魁夷（ひがしやまかいい）がいます。

美術界のさまざまな賞をとり、文化勲章も受章しました。

しかし、彼は、世間的に高い評価を受けて成功するまで、長い時間がかかったようです。

現在の東京芸術大学を卒業後、途中で戦争に召集されたこともあり、がんばって絵を描いてもなかなか認められず、世間から高い評価を受けるようになったのは、三十代後半になってからだったのです。

その彼は、「不遇（ふぐう）の時代が長いほど、自分の中に蓄積されるものは大きい」と述べています。

この言葉にある「不遇」とは、「がんばっているのに認められない。評価されない」ということを意味しています。

しかし、そのような不遇の時期にこそ、「自分の中に大きなものが蓄積される」と、彼は指摘しているのです。

たとえば、不遇な時に、多くの優れた技能が蓄積されていくのです。

人生や芸術についての深い考えも、蓄積されていくでしょう。

また、強い精神力も蓄積されていくと思います。

そして、そんなふうに蓄積されていった大きなものが、ある時期に一気に爆発するのです。

つまり、世間から発見され、評価され、大成功をおさめることになるのです。

ですから、認められないという不遇な時期をネガティブに考えることはありません。

「これは、力を蓄える時期だ」と、ポジティブに考えるほうが賢明です。

9 失敗を飛躍のチャンスだと考える

「勝負は時の運」という言葉があります。

スポーツのような勝負事では、必ずしも、実力的に上回る者が勝つとは限りません。時には、運に見放されて、力のあるほうが負けてしまうこともあります。

これは、仕事でも同じではないでしょうか。

能力がある人が、ちょっとした「時の運」によって、仕事で大きな失敗をしてしまうこともあるでしょう。

能力があっても、毎回成功するとは限らないのです。

本人とすれば、悔しさに苦しむと思います。

「私ほど能力の優れた人間はいないのに、なぜ大きな失敗をする結果になってしまったんだ。私はなんて不運なんだ」と、思い悩んでしまうことにもなるのではないでしょうか。

しかし、不運を嘆いている限り、その人は、再び立ち上がって前に進んでいくことはできないでしょう。

「がんばっても、どうせまた不運なことに見舞われる」と思えてしまうため、再起してがんばろうという意欲が生まれてこないのです。

そういう意味では、このようなケースでは、「この悔しさをバネにして、さらに大きく飛躍できる。これは、ある意味、チャンスだ」と考えてみることが大切です。

そのようにポジティブに考えることができてこそ、再起してがんばっていく意欲も生まれてきます。

また、「この時期に大きな失敗をしたことは、実は、私の人生にとっては幸運だったのかもしれない」と考え直すこともできるのです。

10 悔やむくらいなら、やり直そう

イソップ物語に、「波を数える男」という話があります。

ある男が砂浜に腰を下ろして、打ち寄せる波を「一つ、二つ、三つ、四つ」と数えていました。

しかし、途中で数を間違えてしまいました。

彼は自分自身に腹が立ってきて、ムシャクシャした気持ちでいました。

すると、そこに一匹のキツネがやってきました。

キツネは、その男のようすを見て、こう言いました。

「どうして、過ぎ去ったことに、いつまでもそのように腹を立てているんですか。数を間違ったことなど気にしないで、最初から数え直せばいいじゃありませんか」


人間であれば、誰でも失敗をします。

そして、その失敗を悔やんだり、悩んだりします。

「私はダメな人間だ」と、思い込んでしまう人もいるかもしれません。

しかし、悔やんだり悩んだりしても、意味がないのです。

心が疲れ果てていくだけでしょう。

話は簡単なことなのです。

失敗したら、今度は失敗しないように、最初からやり直せばいいだけなのです。

そういうことを、「波を数える男」という話は教えてくれているのです。

失敗しては最初からやり直し、失敗してはまた最初からやり直す、ということをくり返していきながら、人間は成長していきます。

そして、能力を高め、最後には大きなことを成し遂げることができるのです。

それに気づけば、心の疲れがとれ、元気がわいてくるのではないでしょうか。

運を引き寄せる生き方をする

いつもいいことをイメージし、自分を信じる

「やり直せばいい」を口グセに

第6章

がんばりすぎて燃え尽きた心の疲れをとる

1 全力を避けよう。余力を残せる人が最も遠くまで行く

心理学に、「燃え尽き症候群」という言葉があります。

「みんなに喜んでもらいたい」「世の中に貢献したい」といった大きな志を持ち、その達成のために一生懸命に努力するのですが、自分が持つ能力以上にがんばりすぎてしまう症状です。

その「がんばりすぎ」が原因で、まさに炎が燃え尽きてしまうように、「がんばろう」という意欲を失ってしまうのです。

この「燃え尽き症候群」は、とくに日本人に多いといわれています。

それには、日本人ならではの性格も関係しているようです。

すなわち、「まじめ」「誠実」「責任感が強い」という性格です。

もちろん、この三つの性格は、とても貴重なものだと思います。

日本がこれだけの経済大国になれたのも、日本人ならではの「まじめ」「誠実」「責任感が強い」という性格があったからこそだとも思います。

しかしながら、この三つの性格は、時に、「がんばりすぎ」と「燃え尽き」をもたらしてしまいがちです。

実際、日本は「過労自殺」「過労死」が多いことでもよく知られています。

その背景にあるのも、「がんばりすぎ」「燃え尽き」と呼ばれる現象なのでしょう。

もちろん、まじめに、誠実に、責任感を持って努力していくことは大切です。

しかし、同時に、「がんばりすぎ」に陥らないよう注意しておく必要があります。

そのためには、一〇〇パーセント以上の力を出し切るのではなく、八〇パーセント程度の力でがんばっていく、という意識を持つことが肝心です。

それが、「燃え尽き」を防ぐコツになります。

2 がんばることが楽しくなるまでペースダウンをしてみる

がんばりすぎて燃え尽きてしまう人は、決してダメな人ではありません。有能で、努力家で、誠実な人が多いのです。

しかし、そのまじめな性格のために、しばしば、がんばりすぎてしまうことがあるのです。

したがって、このタイプの人は、少し「いいかげん」でいるほうがよいと思います。

「適当」だとか、「不まじめ」という意味の「いいかげん」ではなく、よい意味での「いいかげん」です。

漢字で書けば、「好い加減」です。

たとえば、がんばることが苦しく思えてきたら、それは「がんばりすぎ」の証しだと思います。

「がんばることが楽しい」

「笑顔で、がんばっていける」

「のびのびと、がんばっている」

そのように感じられるのが、「好い加減」の証しになると思います。


そういう意味では、いつも、自分の心の状態をよく観察しておくことも大切になるでしょう。

「がんばることが苦しい、つらい」

「いくらがんばっても、何も報われないように思える」

「何のためにがんばっているか、わからなくなった」

そんな心の声が聞こえてきた時は、要注意です。

それは、がんばりすぎをセーブして、「好い加減」に戻す時なのです。

3 「がんばらない、へこたれない」で生きていく

個性的な女優として長年活躍した人物に、樹木希林(きききりん)がいます。

彼女は、「あんまりがんばらないで、でもへこたれないで」と述べました。

この言葉にある「あんまりがんばらない」とは、言い換えれば、「好い加減で、がんばる」「八〇パーセントの力で、がんばる」と解釈できます。

そして、そのように少し肩の力を抜いて、ゆっくりとがんばっていくことが、「へこたれない」コツでもあるのです。

一〇〇パーセント以上の力で全力疾走している人は、ちょっとつまずいただけでも、

バランスを失って転倒し、大ケガをしてしまいがちです。

自動車でも同じです。

あまりスピードを出しすぎてしまうと、ちょっとしたことでハンドル操作を誤って、大事故を招くことになります。

したがって、適度なスピードで車の運転をするほうが安全です。

人の「生き方」も同様です。

がんばりすぎている人は、ちょっとした失敗、ちょっとしたアクシデントで、ガクッとなって、気持ちが切れてしまうことがよくあります。

一方で、「あんまりがんばりすぎないように、がんばる人」「好い加減で、がんばっていく人」は、ちょっとした失敗、ちょっとしたアクシデントに遭遇しても、そこで、へこたれてしまうことはありません。

がんばりすぎない人は、心に余裕があるので、失敗することがあっても、「まあ、どうにかなるだろう」と、楽天的に考えることができるのです。

ですから、途中でへこたれてしまうことなく、努力を続けられるのです。

4 思い通りにならなくても、「これでいいのだ」と開き直る

マンガ家として活躍した人物に、赤塚不二夫(ふじお)がいます。

彼の代表作である『天才バカボン』に登場する「バカボンのパパ」の有名なセリフに、「これでいいのだ」というものがあります。

ついついがんばりすぎて燃え尽き、心がグッタリしてしまうことが多い人は、この「これでいいのだ」という言葉をいつも心がけるのがよいと思います。

物足りないと思うことがあっても、たとえばこのように、「これでいいのだ」と自

分に言い続けるのです。

「少し怠けてしまうことがあっても、これでいいのだ」

「思い通りにいかなくても、これでいいのだ」

「完璧(かんぺき)に物事を仕上げられなくても、これでいいのだ」

「自分の性格に未熟な点があったとしても、これでいいのだ」

つまり、ありのままの自分、ありのままの現実を「これでいいのだ」の精神で受け入れていくのです。

そうすれば、心の余裕が生まれてきます。

心に「好い加減」が生まれるのです。

その結果、「がんばりすぎ」も防げるようになります。


すべてを自分の思い通りにしたいと願いすぎることは、賢明なことではありません。しょせん世の中は、自分の思い通りにいかないものなのです。

その現実を「これでいいのだ」という言葉で受け入れていく意識を持つことで、心が広がり、疲れなくなります。

5

何もしない時間をつくって、心身をこまめに癒そう

がんばりすぎる人の心は、往々にして、ピンピンに張り詰めた糸のようになっています。

つまり、余裕というものがないのです。

そのために、ちょっとしたことでプツンと切れてしまいがちです。

したがって、「心の糸」をもう少しゆるめるよう心がけるほうがいいと思います。

その具体的な方法として「時間管理」があります。

「仕事でがんばる時間」「プライベートを楽しむ時間」「ゆっくりと静かにくつろぐ時

間」を、一日の生活の中でバランスよくとり入れていくのです。

毎日夜遅くまで残業して、家にも仕事を持ち帰り、翌朝はまた早く出勤していく、という生活を続けると、「がんばりすぎ」に陥ってしまう危険性があります。

残業しなければならない日もあると思いますが、仕事はできるだけ定時に終わらせるように心がけます。

そして、友人に会っておしゃべりをしたり、美術館に行って鑑賞を楽しんだり、映画を観たり、スポーツクラブに行ったり、あるいは、図書館に立ち寄って好きな作家の本を探すのを楽しみます。

また、何もせずにぼんやりと過ごす時間をつくるのも大切です。

何もしない時間の中で、人の心は深く癒されていくからです。

ミニ瞑想（めいそう）を行ってもいいでしょう。

静かな環境に身を置いて、ゆっくりと呼吸しながら目を閉じ、瞑想状態に入ります。

雑念が浮かんできたら、呼吸に意識を集中させます。

このミニ瞑想を一日五分から十分間くらい行うだけでも、心に余裕を持って生きていけるようになります。

6 がんばりすぎは病気のモトだと知っておく

アメリカのビジネス街で心臓疾患の診療をしていたある医者が、興味深いことに気づきました。

待合室の布製のソファが、すぐにボロボロになってしまうことです。

そこで、待合室のようすを観察することにしました。

すると心臓疾患の患者が、待たされることにイライラしてきて、無意識のうちに手でソファの布をむしっていたのです。

そこで、その医者は「イライラしやすい人は、心臓疾患になりやすい」という仮説を立てました。

そして、心臓疾患になりやすい人と、性格との間に共通点がほかにもないかを調べていったのです。

すると、次のようなことがわかりました。

- 競争心が強く、野心家で、やり手のビジネスマン
- 「早く成果を出したい」という気持ちが強く、いつもイライラしている
- 猛烈ながんばり屋で、成功することを強く望んでいる
- しゃべるのも、歩くのも、食べるのも、すごく早い

このような性格的特徴や行動パターンを持っている人は、ストレスをためやすく、ストレスが原因で心臓疾患や高血圧といった病気になりやすい、ということがわかったのです。

ビジネスマンが「ライバルに勝ちたい」「成功したい」という気持ちを持つのは理解できます。

しかし、その気持ちがあまりに強すぎると、往々にして「がんばりすぎ」の状態になり、そのストレスが原因で、病気になる危険性が高まるのです。

7 「優れた人」よりも「優しい人」を目ざそう

「がんばりすぎ」は、いろいろな意味で、体に悪い影響をもたらします。

「がんばりすぎ」による強いストレスは、時には、ウツ症状の原因になり、また、心臓疾患や高血圧の原因になることもあるのです。

そのような「がんばりすぎ」を防ぐためには、「ライバルに勝って出世すること」「ビジネスで成功して、高い地位を得ること」に、あまり強くこだわりすぎないことが大切です。

出世や成功への強いこだわりが「がんばりすぎ」を生み出してしまうことも多いか

らです。

禅の言葉に、「応に住する所無うして、その心を生ず」というものがあります。

この禅語にある「住する所」とは、「あることに強くこだわる」ということです。

そのような「強いこだわり」をなくしてこそ、「その心を生ず」と指摘しているのです。

「その心」とは、言い換えれば、「人間らしい心」です。

つまり、安らぎに満ちた、優しい、穏やかな心が生まれるのです。

出世や成功に強くこだわっている限り、その人は、安らぎに満ちた人間らしい心を得ることはできません。

いつもイライラ、カリカリしていなければならないからです。

まわりの人たちに対しても、優しい気持ちになれず、いつも怒ってばかりいます。

そのような生活を続けていくことは、幸福なことではないと思います。

出世や成功を望むこと自体は悪いことではありませんが、それに強くこだわりすぎないほうが賢明だと思います。

それが、体を癒し、心を疲れさせず、人間らしさをとり戻すコツです。

8
がんばりを評価されない時は、日頃の無理に気づく好機だと思おう

世の中は、必ずしも、「がんばればがんばるほど高く評価される」ということではありません。

学校であれば、がんばって勉強すればするほど成績が上がり、先生や両親から高く評価してもらえたかもしれません。

しかし、世の中は必ずしも、その通りにはいかないのです。

「がんばってもがんばっても、まったく評価されない」こともあります。

以前、ある大企業で、有能な若い女性がみずから命を絶つ事件がありました。

彼女の場合も、土曜日曜も返上して一生懸命に企画書を書いても、月曜の朝に上司にそれを見せると、「なんだこれは。こんなものはダメだ」と叱られてばかりいたといいます。

そういうことを考えると、いい意味で開き直って生きていくほうがよいのではないかと思います。

たとえば、「いくらがんばっても評価されないんだったら、一〇〇パーセントの力でがんばるのはやめよう。八〇パーセントぐらいの力でがんばればいい」というようにです。

それが、自分の身を守るコツでもあるのです。

人間にとってもっとも大切なのは、健康的に、幸福に、穏やかな生活を送っていくことにあると思います。

がんばりすぎて、その大事な健康や幸福を壊してしまうのは非常に残念なことです。

したがって、いい意味で開き直って、「八〇パーセントぐらいの力でいい」と考えることも大切ではないかと思います。

9 がんばるだけが人生ではないことに気づく

「開き直る」とは、努力を放棄(ほうき)するとか、責任を投げ出してしまうとかいう意味ではありません。

それは、文字通り、「心を開く」ということです。

心を開いて、「心を直す」のです。

そのためには、まず、「高く評価されたい」「認めてもらいたい」「出世したい」「成功したい」ということにこだわって凝り固まっている心を、もっと広い世界へ向かって開くことが大切になります。

そうすれば、「たとえ高く評価されなくても、出世や成功ができなくても、もっと余裕を持って幸福に生きていく方法があるのではないか」という楽天的な考え方もできるようになります。

楽天的な考え方ができるようになれば、気持ちにゆとりが生まれます。

「必死にがんばるだけが人生ではない。もっとゆったりと人生を楽しむほうがいいのではないか」と考えられるようになるのです。

そのような精神的なゆとり、安らぎ、穏やかさをとり戻すことが、「心が直る」ということだと思います。

人の生き方にはいろいろなものがあります。

「世の中で評価されなければ、生きている意味なんてない」というのも一つの生き方かもしれませんが、ほかの生き方も、もっとたくさんあるのです。

したがって、一つの生き方にこだわってしまうのではなく、自分にとってどのような生き方が幸せなのか、広い視野を持って見渡してみるのがいいと思います。

そして、広い視野を持つには、「開き直る」ほうがいいと思います。

10 自分の限界を超えない知恵を持つ

古代ギリシャの哲学者に、アリストテレスがいます。

ソクラテス、プラトンと共に、古代ギリシャの三大哲学者の一人とされ、また、倫理学、政治学、宇宙論、天体学、自然学、気象学など多くの分野を研究したことから、「万学の祖」とも呼ばれています。

このアリストテレスは、「自分を知ることは、すべての知恵の始まりである」（意訳）と述べました。

この言葉にある「自分を知る」ということの中には、たとえば、「自分の限界を知る」

ということもあると思います。

昔、テレビコマーシャルのセリフに「二十四時間、戦えますか」というものがあり、当時の流行語にもなりました。

確かに、二十四時間ぶっ通しでがんばり続けることができる、超人的な人もいるかもしれません。

しかし、当然、それほどがんばり続けるのは無理だという人が多いでしょう。

もし「精いっぱいがんばっても、十時間が限界だ」という人が、二十四時間がんばり続けようとしたら、どうなってしまうでしょうか。

おそらく、途中でダウンしてしまうことになると思います。

ですから、「自分の限界はこの程度だ」ということをよく知っておき、限界を超えてまでがんばりすぎないように、日頃から注意しておくことが大切です。

それが「知恵の始まり」なのです。

つまり、「どのように生きていくことが自分にとってもっとも幸せなのか」という人生の知恵を知ることのきっかけになるのです。

自分の限界を知らない人が、オーバーワークになりやすいのです。

余力を残せるペースで動く

一日の中に何もしない時間をつくろう

自分の限界を知り、二度とそれを超えない

第7章

大きな転機にくじけそうな心の疲れをとる

1
「ここで終わりか」でなく、「ここから始める」と明るく前進する

生きている間には「人生の大きな転機」を経験することがあるでしょう。

転機には、ポジティブな意味を持つものと、ネガティブな意味を持つものがあると思います。

ポジティブな意味の転機といえば、栄転とか結婚でしょう。

そのようなポジティブな転機であれば、これからの人生に明るい希望を持つことができます。

「これを機会に、もっと幸せな人生を築いていこう」という意欲も高まるでしょう。

しかし、人生には、ネガティブな意味を持つ転機もあります。

たとえば、左遷や離婚です。

そのようなネガティブな転機では、これからの人生に明るい希望など持てません。

むしろ、悲観的な気持ちになっていくばかりでしょう。


しかし、ちょっと認識を変えてみることで、ネガティブな転機を乗り越え、前向きに生きていくこともできます。

たとえば、暇な部署に左遷されたとしても、そこで「私の人生はもう終わりだ」と悲観的な考えをしてしまうのではなく、こう前向きに考えてみるのです。

「せっかく時間的に余裕がある部署に来たのだから、次のプロジェクトの企画についてじっくり作戦を練ろう。また、何か資格をとるために勉強しよう。また、これまでは仕事一辺倒だったが、これからは家族サービスにも励める」

こう考えれば、たとえネガティブな転機だとしても、そこで心が折れてしまうことはありません。

きっと、これからも前向きに生きていけるでしょう。

2 がんばるよりも、まず肩の力を抜く

ポジティブな意味の転機でも、それをきっかけに心のバランスをくずしてしまう人もいます。

たとえば、栄転です。

能力を買われて、ある重要な役職に抜擢(ばってき)され、会社の命運を左右するほど大きなプロジェクトを任されることになったとします。

もちろん、うれしい出来事でしょう。

しかし、だんだんと「大きな期待に応えなければならない。このプロジェクトを絶

対に成功させなければならない」という重圧が、その人の心にのしかかってくるのではないでしょうか。

その重圧に負ける形で、落ち込んだり、意欲をなくしたりすることもあるでしょう。

有能なスポーツ選手が、オリンピックといった世界大会に抜擢されながら、実力をまったく発揮できずに終わってしまうことがあります。

これも「重圧に負ける」一例なのでしょう。

せっかくの喜ばしい転機であるにもかかわらず、その重圧に負けるのは、非常に残念なことだと思います。


では、どうすれば重圧に負けずにすむかといえば、その答えの一つは「平常心を心がける」ということです。

「がんばらなければならない」「成功させなければならない」と、あまり強く気負ってしまうのではなく、「これまで通り、淡々(たんたん)とマイペースでがんばっていこう」と、平常心で考えるのです。

そうすれば気持ちがラクになり、実力を発揮できると思います。

3 「ベストな自分」ではなく、「無理しない自分」を目ざす

ある女性は、過去に次のような経験をしたといいます。

彼女が結婚したばかりの頃の話です。

結婚後まもなく出産して、一年間の育休をとったあと、職場に復帰しました。

子供ができても仕事を続けたい、というのが彼女の希望でした。

そんな彼女にとって、結婚、出産、そして職場復帰は、人生の大きな転機の連続だったのです。

その中で、まじめな性格の彼女は、すべての役割に一生懸命にとり組みました。

「子供にとっては、いいお母さんにならなければならない」
「夫の前では、いい妻にならなければならない」
「仕事でも、いい業績をあげて、期待に応えなければならない」
といった具合です。

しかし、彼女は「なければならない」という意識が強すぎて、がんばりすぎてしまったのです。

精神的にも肉体的にも、疲労とストレスがどんどんたまっていきました。

「このままではダウンしてしまう」と危機感を覚えた彼女は、そこで考え方を次のように変えたのです。

「いいお母さんでなくてもいい。いい妻でなくてもかまわない。無理をして業績をあげなくてもいい」

つまり、子育ても、家事も、仕事も「しなければならない」という意識を捨て、自分のペースで進めるように心がけたのです。

その結果、心の疲れがとれ、毎日元気に暮らしていけるようになったのです。

4 環境の変化は大きなストレス。「ゆっくり慣れる」をモットーに

職場の異動や転勤などで仕事の環境が変わる時、人は、「新しい環境に早く順応したい」と思うものです。

とくに、新しい職場の人間関係に早く順応して、みんなといい関係を築きたいと考えるのではないでしょうか。

しかし、無理をしてまで「早く順応したい」とは考えないほうがいい場合もあるようです。

無理をすることは、とかく、強いストレスになるからです。

ある若い男性は、転勤で職場が変わりました。

それは、彼にとって初めての転勤でした。

彼は、新しい職場の人間関係に早く順応したいと、職場の人たちとの飲み会などに積極的に参加しました。

その職場ではお酒の好きな人が多く、毎晩のように飲み会があったのです。

彼はお酒の席に参加することが、新しい職場の人たちと仲よくなるために、もっとも手っとり早い方法だと考えたのです。


しかし、彼は、お酒をほとんど飲めませんでした。

仕事以外での人づき合いも、あまり得意ではありませんでした。

それなのに無理をして夜のつき合いに参加したために、精神的なストレスがたまり、体調も悪くなっていったのです。

このようなケースもあるので、無理をしてまで、新しい環境に早く順応したいと思わないほうがいいのです。

新しい環境には、無理をせず、少しずつ順応していけばいいのです。

5 あせる時ほど時間をかけて。そのほうがきっとうまくいく

登山をする人の中には、「高山病」にかかる人もいます。

エベレストのような高山に登る時に起こりやすい症状です。

高地は空気が薄いために、平地で暮らしている人が急に標高が高い場所へ行くと、すぐに順応できずに、さまざまな不調を感じるようになるのです。

そこで、高山に登る際には、ゆっくりと、少しずつ標高を上げていきます。

決して急いで標高を上げません。

それというのも、人間は、新しい環境にすぐに順応することができないからです。

人間が新しい環境に順応するには、かなり時間がかかるのです。

これは、たとえば、職場の異動や転勤でも同じことです。

引っ越しなどでも、そうでしょう。

また、結婚して配偶者の親と一緒に生活するようになるといった場合もそうです。

このように環境が変わる時、新しい環境に一刻も早く順応したいと思うでしょう。

しかし、人間はそれほど器用に、早く新しい環境に順応はできません。

新しい環境に慣れるには、それなりの時間がかかるものなのです。

ですから、あせりは禁物です。

早く順応しようとあせれば、疲れてしまうばかりなのです。

そのために、かえって、新しい環境への順応が遅れてしまう結果にもなりやすいのです。

高山に体を慣らしていくのと同様に、「ゆっくり、少しずつ」を心がけていくほうが賢明です。

それが、ストレスのない順応の仕方になります。

6 個人的な話より、事務的な話で信頼関係を深める

現代の会社では、年功序列制度がくずれて能力主義が浸透し、一つの会社で定年まで勤め上げる人が減少傾向にあります。

むしろ、よりよい条件を求めて転職をくり返す人も増えてきているようです。

そのような意味では、「新しい環境にできるだけ早く順応する」ことも、ビジネスマンに求められる重要な能力の一つなのかもしれません。

何回か転職経験がある、あるビジネスマンが、こう言っていました。

「仕事への順応は比較的早くできる。でも、新しい人間関係に慣れるには、ある程度の時間がかかる」

仕事では、蓄積してきたノウハウや知識、経験を活用できますから、比較的早く順応できるかもしれません。

しかし、人間関係については、必ずしも、そのように合理的にはいかないでしょう。人と人は、本当に信頼し合える関係になるためには、やはり、ある程度の時間がかかるものなのです。

それでも、できるだけ早く新しい人間関係に適応したいと思うのであれば、やはり大切なのは「コミュニケーション」になると思います。

まわりの人たちへの、報告、連絡、相談を密にします。

最初のうちは、個人的な話をして関係を深めようとするよりも、仕事の報告、連絡、相談を、ていねいに、ひんぱんに行っていくほうが賢明だと思います。

そのほうが、「心の疲れ」を感じることも少なくてすむでしょう。

事務的な会話でも、ていねいに行っていけば、だんだんとお互いの信頼関係を深めることができるのです。

7 「選手」でいる間に「監督」になる準備をしておく

あるアメリカの組織理論家が、興味深い指摘をしていました。
「過度に適応することは、かえって新しい適応力を阻害する」というのです。
ちょっと矛盾するように聞こえます。
しかし、たとえば、次のようなことがあるのです。
第一線の営業マンとして、抜群の成績をあげていた人がいました。
彼は、その成績を評価されて、営業部長に抜擢されました。
第一線のプレーヤーから、たくさんの人を統括し、会社の経営についても考えていくマネージャーへと立場が大きく変わったのです。

これは、喜ばしい出世だと思えます。

ところが、彼はマネージャーになったとたん、まったく能力を発揮できなくなってしまったのです。

プレーヤーとしての立場に、あまりにも上手に順応できていたために、かえって、マネージャーという新しい立場には順応できなくなってしまったのです。

これが、「過度に適応することは、かえって新しい適応力を阻害する」という言葉の意味です。

よく、「名選手、名監督ならず」といいますが、これも、同じ現象であるといっていいでしょう。

このような現象を防ぐためには、プレーヤーとしてよい成績をあげることだけで満足するのではなく、次の段階へ行く時期を予想して、事前にいろいろな準備をしていくことが大切です。

つまり、「マネージャーとなった時に、どうするか」と考えて準備しておくのです。

事前の準備があれば、立場が変わった時に、あわてないですみます。

8

肩書きのない自分をいつもイメージしておこう

「役職定年」という言葉があります。

たとえば、定年退職する年齢が六十歳だったとしても、五十五歳の頃に、部長、課長といった役職を会社に返上して、平社員に戻らされてしまう制度です。

職場は変わらないのですが、平社員として仕事をするようになります。

その人への配慮から、「エグゼクティブ・マネージャー（「会社の幹部」といった意味）」などの肩書を与える会社もあるようですが、それは名刺に書き込む名目上の肩書にすぎず、実質的な権限はありません。

それまで自分の部下だった人間が、それ以降は上司になったりします。

主として人件費削減を目的にした制度ですが、最近、この役職定年をとり入れる会社が多くなっているようです。

このように「肩書を失う」ことも、当事者にとっては大きな転機です。

そして、役職を失うと、部長や課長として抜群の手腕を発揮していた人であっても、平社員という新しい立場に対応できず、仕事への意欲を失ってしまう場合もあるようです。

これも、「上手に適応することは、かえって新しい適応力を阻害する」という言葉の一例です。

管理職という立場にあまりにも順応していたために、役職定年後の立場に順応する力が阻害されてしまうのです。

そうならないために大切なのも、やはり、事前準備でしょう。

役職定年後のことを考えて、その際に、どのような仕事をし、職場の人たちとどのようにつき合っていくかを、事前にシミュレーションしておくのです。

そうすれば、大きなストレスなく、新しい立場に順応できると思います。

9 物を整理しておくと、心を整理しやすくなる

精神医学に「引っ越しウツ」という言葉があります。

長年住み慣れた家から、引っ越さなければならなくなることがあります。

伴侶（はんりょ）と死に別れて一人暮らしになり、子供の家に引っ越す場合もあるでしょう。

あるいは、仕事の都合で、ほかの土地へ引っ越す必要が出てくることもあります。

引っ越しウツとは、そのように、住み慣れた家から離れ、それまで築いてきた地域の人間関係からも離れて、新しい環境に移らなければならない状況に強い精神的ストレスを感じ、落ち込んだり、意欲を失ったりして、ウツ状態になってしまうことをい

います。

これも、「上手に適応することは、かえって新しい適応力を阻害する」ことの一例です。ある場所に長年住んで、その家や環境に順応しきってしまったために、引っ越して新しい環境に順応する能力が阻害されてしまうのです。


人の移動の激しい現代では、住み慣れた家から引っ越さなければならないという状況になることは、決して少なくないと思います。

こういう場合も、やはり、事前の準備が大切になってくると思います。

事前に、「もし引っ越しすることになったら、どうするか」ということを考えて、心の準備や、その他の準備をしておくのです。

引っ越すことになった時に、物をどう整理するかを考えたりするのもいいでしょう。

ふだんから、あまり多くの物を持ちすぎないように心がけておくことも大切になると思います。

そのような準備で、いざ引っ越すことになった時のストレスが少なくてすみます。

10 子育て中に子育て後の生きがいをつくろう

「空の巣症候群」という言葉があります。

主として家庭の主婦に起きやすいウツ症状です。

子育てを生きがいにして、子育てに忙しく過ごす主婦は多いと思います。

しかし、子供たちは、いずれ、独立して家から巣立っていくのです。

子供たちがいなくなると、家の中は、ヒナが巣立ったあとの鳥の巣のようにカラっぽになってしまいます。

そのために生きがいを失い、何を楽しみに生きていけばいいかわからなくなって、精神的に落ち込んでしまうことを、「空の巣症候群」というのです。

そして、これも、「過度に適応することは、かえって新しい適応力を阻害する」ということの一例なのです。

母という立場にあまりに順応したために、また、子育ての楽しさに深く順応したために、家から子供たちがいなくなったあとの新しい生活に順応する力が阻害されてしまうのです。


空の巣症候群にならないために大切なのは、自分の人生を長期的に見すえて、「子供たちが巣立っていったあとの人生」について事前に考え、準備しておくことです。

たとえば、子育てを終えたあとに生きがいとなるような趣味をつくっておく、といったことです。

また、犬やネコなどペットを飼うことを考えてもいいでしょう。

あるいは、「子育てを終えたら、自分なりに社会貢献活動に挑戦してみよう」といった計画を立てて、準備を進めておくのもいいでしょう。

そうすることで、新しい生活に対する順応力が高まります。

新しい環境にはゆっくりと慣れる。あせりは禁物

新しい信頼関係づくりは私的な話より仕事の話で

次のステージへの準備を怠らない

第8章

理由もないのに なんとなく ウツっぽい心の 疲れをとる

1 自分の成長が実感できることを始めてみる

これといった理由もないのに、「なんとなく気持ちが落ち込む」「どうもやる気が出ない」「気分がウツっぽい」という時があります。

仕事も生活も、まあまあうまくいっているのです。

大きな失敗をしたり、人間関係が悪化した相手がいるわけではありません。

しかし、それでも、気分がなんとなくウツっぽいのです。

このような時には、生活によい刺激になることをしてみるのがよいと思います。

自分の人間的な成長のためになることを始めてみるのです。

人間にとって、自分の成長を実感できることほど刺激的で、また、うれしいことはないと思います。

したがって、「なんとなくウツっぽい」という心の疲れをとり去り、生活に張り合いを出すために、自分の成長を実感できることを始めてみるのです。

たとえば、次のようなことが考えられます。

- 英会話を始め、海外の人と交流する機会をつくる
- 公的な資格を取得するための勉強を始める
- カルチャーセンターの教養講座に参加してみる
- 有名な文学者の全集の読破に挑戦してみる
- 海外旅行をする

つまり、自分なりに楽しみながら、自分の成長を実感できるようなことを始めてみるのです。

それがいい刺激になって生活に張り合いが生まれ、毎日を元気に暮らしていけるようになると思います。

2 多少のトラブルがあるからこそ、人生は楽しいと気づく

「なんの問題もなく生きている」という生活は、もちろん、その人にとって望ましいものだと思います。

しかし、そのように「なんの問題もない生活」が、退屈に感じられてしまうこともあります。

そして、その退屈が、「なんとなくウツっぽい」という気持ちをつくり出してしまうのです。

人間の心理には不思議なところがあって、「多少のトラブルに見舞われたり、難し

い問題に直面することがあるほうが、生活に張り合いがあっていい」と思う人もいるのです。

『フォーブス』という経済雑誌を創刊して成功した、バーティー・フォーブスというアメリカ人がいます。

彼は、「ゴルフにバンカーやハザードがなければ、単調で退屈に違いない。人生も同じだ」（意訳）と述べました。

この言葉にある「バンカー」とは、ゴルフコースのくぼ地の中に砂を盛った場所のことです。

「ハザード」とは、池などの障害物です。

そういう場所にボールを打ち込んでしまうことは、大きなトラブルになります。

しかし、「そのようなトラブルがあるからこそ、ゴルフは刺激的で楽しい。人生も同じで、トラブルがなければ、退屈でしょうがないものになる」とフォーブスは指摘しているのです。

そういう意味で、退屈を感じる人は、たまには、あえてトラブルが予想されるようなことに挑戦してみてもいいかもしれません。

3 「未経験ゾーン」に行ってみる

ある男性は、張り合いのない生活を送っていました。

そこで、生活にいい刺激を与えるために、趣味の陶芸(とうげい)教室に通うことにしました。

土をこね、焼き上げて、食器などをつくるのです。

素人ですから、もちろん、うまくはいきません。

土をこねて陶器の形をつくりあげるのに失敗することもありますし、焼き上げの際のトラブルで、陶器が割れてしまうこともあります。

絵付けが難しかったりすることもあるのです。

しかし、彼は、「そのような、うまくいかないことやトラブルが刺激になるからこそ、陶芸がいっそう面白く感じる。また、長く続けられる」というのです。

この男性のように、あえて難しいこと、トラブルがあることにチャレンジするのもよいと思います。

経験のないことに挑戦する時は、技術も知識もないのですから、うまくいかないことも多いでしょう。

しかし、それがかえって「精神面へのいい刺激」になることもあると思います。

その結果、生活に張り合いが生まれて、「なんとなくウツっぽい」という状況から抜け出すことにもつながるのです。

いずれにしても、「生活が退屈だ」という精神状態でいることは、よくありません。「退屈」が、生きることへの前向きな意欲を奪ってしまうことも、人生ではよくあるのです。

精神的に退屈してしまわないように、時には、あえて苦労をしたり、トラブルがあることにチャレンジしてもよいと思います。

4 「退屈病」は刺激という薬で早く手当てする

ドイツの童話作家に、ミヒャエル・エンデがいます。日本を含め、世界中に多くの愛読者を持つ作家です。彼の代表作である『モモ』の中に、「致死的退屈症」と呼ばれる病気にかかってしまう人物が登場します。

この物語では、まず「時間泥棒」と呼ばれる人たちが登場します。時間泥棒は、人から「時間」を盗んでしまうのです。

ある人物は、この時間泥棒から、仕事をする時間、友人と楽しむ時間、趣味を楽しむ時間など、あらゆる時間を盗まれてしまいます。

その結果、その人物は、何もすることがなくなってしまいます。

何もしないのですから、毎日が退屈で退屈でしょうがありません。

そのうちに、その人物は気持ちが落ち込み、意欲を失っていきます。

まさに、ウツ症状になっていくのです。

これが、「致死的退屈症」と呼ばれる病気です。


もちろん、この「致死的退屈症」は、童話に出てくる架空の病気にすぎません。

しかし、「人生には、退屈が精神面に悪い影響をもたらすことがある」という重要なことを示しているように思います。

つまり、元気に生きていくためには、みずから積極的に心の刺激になるものを生活にとり入れていくことが大切だ、ということなのです。

そのために、経験のない趣味などを始めて、あえて、うまくいかないことに苦労してみるのがよいのです。

その苦労がよい刺激になって、心を元気にします。

5 定年後にこそ、ワクワクを毎日とり入れる

定年退職した人が、ウツ状態になることがあります。

そして、その原因が「退屈」である場合も多いのです。

ある男性も、定年退職後、一時期、ウツ状態になったといいます。

大企業で長く働いた彼は、どこかに再就職する必要はありませんでした。

それまでの貯蓄と年金で十分、生活していけたのです。

しかし、彼にはこれといった趣味もなく、近所に友人と呼べるような人もいなかったため、毎日、家でゴロゴロしていました。

毎日が退屈でしょうがありません。

そのうちに、気持ちがわけもなく落ち込んでいくようになりました。

このように、何不自由ない生活を送っていても、退屈すると、ウツ状態になってしまうことがあるのです。

その男性は「このままではいけない」と感じ、貯蓄を元手に、これまで経験したこともない商売を始めることにしました。

自宅を改装して、おソバ屋さんを始めようとしたのです。

ソバの打ち方は、教室に通って最初から学びました。

もちろん、開店後は毎日、失敗の連続だったといいます。

うまくソバを打てない日もありますし、接客でトラブルを起こしてしまうこともあったそうです。

しかし、それがいい刺激になって、「充実した楽しい日々を送っている」と言うのです。

定年退職して退屈している人は、趣味でもいいので、何か刺激的なことを始めるのがいいと思います。

6 「いい生活」を守るより、「いい人生」に挑戦しよう

古代ギリシャの伝説上の都市だったトロイアが実在したことを発見したのは、ドイツの実業家で考古学者だったハインリヒ・シュリーマンです。

彼は若い頃から、さまざまな仕事についていました。

ついには、ゴールドラッシュで景気がよかったアメリカのカリフォルニアに渡り、貿易商社を設立して大成功します。

しかし、成功後の生活は退屈なものでした。

ぜいたくな暮らしはできるものの、心を動かすような刺激がないのです。

そこで若い頃から興味を持っていた考古学、とくにトロイアの遺跡を発見することに財産をすべてつぎ込む決心をしたのです。

それは危険な賭けでもありました。

もし遺跡を発見できなければ、それまでの仕事で築きあげた名声も財産も失うことになりかねなかったからです。

しかし、彼は、「お金はあるが退屈な生活よりも、失敗するリスクはあるが刺激がある生活」のほうに幸福を感じたのでしょう。

もちろん、築きあげた成功を守ることに専念する生き方もあります。

しかし、そのような生き方は、ともすると、生活をただ守るだけの退屈なものになりかねません。

そんな退屈な生活を送るよりも、リスクはあってもチャレンジを選ぶシュリーマンのような生き方もあるのです。

当然、そのような刺激的な生き方に幸福を感じる人もいるのです。

このシュリーマンのエピソードは、退屈からウツっぽい気持ちになっている人には、多少参考になる点もあると思います。

7 冒険心を持つことで心を新陳代謝させる

イギリスの数学者であり哲学者だったアルフレッド・ノース・ホワイトヘッドは、「冒険のない文明は衰退する」と述べました。

欧米の文明が発展したのは、「欧米人は冒険心が旺盛だからである」といわれています。

確かに欧米人は、古くから冒険をしてきました。

コロンブスは大西洋を渡ってアメリカ大陸まで到達しましたし、バスコ・ダ・ガマは喜望峰(きぼうほう)を回ってインドまで到達する航路を発見しました。

また、マゼランの船隊は世界初の海路による世界一周に成功しました。

そのような冒険のおかげで、ヨーロッパは世界貿易によって繁栄したのです。

現代でも、アメリカが月へ人間を送り込むという大冒険をやってのけ、その後、宇宙技術で繁栄を続けています。

人類は冒険によって繁栄していく、といってもいいのでしょう。

これは、個人の人生でも同じだと思います。

冒険心を持って新しいことにチャレンジしていこうという意欲を旺盛に持っていてこそ、その人は精神的に活性化し、人間的に成長し、より充実した人生をつくり上げていけるのではないでしょうか。

もし、冒険心を失ってしまったら、生きることはただ退屈になるだけではないかと思います。

退屈な人生には面白味がなく、気持ちが落ち込んでいくばかりです。

何歳になっても旺盛な冒険心を持って、新しいことにどんどんチャレンジしていく精神を持つことが大切です。

8 言い訳をやめて、夢の実現に着手する

アメリカに、マーク・トウェインという作家がいました。

『トム・ソーヤーの冒険』『ハックルベリー・フィンの冒険』など、多くの冒険小説を書いて、世界中で愛されている作家です。

トウェイン自身、行ったことのない土地を旅行することが好きだったようで、『地中海遊覧記』や『西部放浪記』といった旅行エッセイもたくさん書きました。

彼は、「夢を捨ててはいけない。夢がなくても、この世にとどまることはできる。

しかし、そんな君はもう生きることをやめてしまったのだ」（意訳）と述べました。

この言葉にある「この世にとどまりながら、もう生きることをやめてしまった」という表現は、ちょうど「理由もないのに、なんとなくウツっぽい」という心理状態に当てはまるようにも思います。

つまり、生きがいを見つけられないし、これといった楽しみもない、といった状態です。


このような精神状態から脱するためのヒントも、この言葉に示されているように思います。

それは、「夢を持つ」ということです。

「こんなことをしてみたい。あんなところへ行ってみたい」といった夢を持って、その夢の実現に向かって冒険をするのです。

冒険とは、「チャレンジ」と言い換えてもいいと思います。

自分ならではの夢に向かって、日々、そのような冒険をしていくと、心が元気になっていきます。

9
「夢ノート」をつくって、人生をギアチェンジしよう

「理由もないのに、ウツっぽい」というのは、何もやりたいことがなく、生活に張り合いがなくなっている証しなのでしょう。

そんな状態から抜け出す方法の一つとして、「夢ノートを書く」ことがあります。

とくにいいのは、今までやったことがない夢を書くことです。

「新しくできたあの店で、まだランチをしたことがない。明日は、初めて、あの店へ行ってみたい。いったい、どんな人がやっているんだろう」

「今度、公立の体育館でヨガの体験会があるという。これまでヨガなんて、やったこ

とがない。この機会に、どんなものかチャレンジしてみよう」

「今度、『自分史』を書く講習会が行われるらしい。今まで『自分史』なんて書いたことはないけど、講習会に参加してみよう」

といったようにです。

そして、そのような経験のない夢に向かって「小さな冒険」をしてみるのです。

夢ノートを書くことによって「夢に向かって冒険する」ということを日々の習慣にすることで、「ウツっぽい」という気分も吹き飛んでいくのではないでしょうか。

「やりたい夢がたくさんある」というだけで、胸がワクワクしてきます。

精神的に活性化するのです。

その結果、心も体も元気になっていきます。

冒険心を持っていろいろなことにチャレンジしていくと、「こんなこともしてみたい」ということがさらに増えていきます。

そして、夢ノートに書き込まなければならないことが、どんどん増えていくのです。

それが「生きる幸せ」につながっていきます。

成功よりも成長を軸に生きる

夢を思い起こし、実現に着手しよう

日常生活に「ちょっとした冒険」をとり入れる

ブックデザイン／ 小口翔平+喜來詩織（tobufune）
本文デザイン・DTP ／ 平林亜紀（micro fish）
制作協力／ アールズ 吉田宏
編集／佐藤友香（WAVE 出版）

植西 聰　うえにし・あきら

東京都出身。著術家。学習院高等科・同大学卒業後、資生堂に勤務。独立後、人生論の研究に従事し、独自の『成心学』理論を確立。同時に「心が元気になる」をテーマとした著述活動を開始。95年、「産業カウンセラー」（労働大臣認定資格）を取得。

著書

『折れない心をつくるたった1つの習慣』（青春出版）『平常心のコツ』（自由国民社）『「いいこと」がいっぱい起こる！ブッダの言葉』（三笠書房・王様文庫）『心が折れそうなとき、そっととなえる魔法の言葉』（学研プラス）『生きるヒントとしての哲学者94の言葉』（成美堂出版）

心の疲れをとるコツ

2019年 8 月29日　第1版　第1刷発行
2019年12月15日　　　　　第2刷発行

著　者　植西 聰
発行所　WAVE出版
〒102-0074　東京都千代田区九段南 3-9-12
TEL 03-3261-3713　FAX 03-3261-3823
振替 00100-7-366376
E-mail: info@wave-publishers.co.jp
https://www.wave-publishers.co.jp
印刷・製本　中央精版印刷株式会社

NDC595　192p　19cm　ISBN978-4-86621-229-6